FAMILLE
ET FRAGMENTATION

ÉTUDES DES FEMMES   ISSN 1480-7742

La collection *Études des femmes* vise à promouvoir la publication d'ouvrages académiques sur la question des femmes dans divers champs disciplinaires à caractère social. Elle accueille des réflexions théoriques, critiques et féministes d'orientations intellectuelles multiples, reflétant ainsi une diversité d'approches : sociologie, criminologie, droit, médecine, service social, psychologie, éducation, histoire et autres. La collection est ouverte aux manuscrits de langues française et anglaise.

Directrice de la collection :
Sylvie Frigon

Comité éditorial :
Ruby Heap
Michèle Kérisit
Ann Denis

Études des femmes n° 7

FAMILLE ET FRAGMENTATION

sous la direction de
MARIE-BLANCHE TAHON et DENYSE CÔTÉ

Les Presses de l'Université d'Ottawa

Données de catalogage avant publication (Canada)

Vedette principale au titre :
  Famille et fragmentation

(Études des femmes, ISSN 1480-7742 ; n° 7)
Comprend des références bibliographiques.
ISBN 2-7603-0509-0

1. Famille. 2. Condition de parents. 3. Rôle selon le sexe. 4. Parent et enfants. 5. Famille – Canada. I. Tahon, Marie-Blanche. II. Côté, Denyse, 1950-   . III. Collection.

HQ737.F32325   2000   306.85   C00-900555-2

Cet ouvrage a été publié grâce au soutien financier de la Faculté des sciences sociales de l'Université d'Ottawa.

Les Presses de l'Université d'Ottawa remercient le Conseil des Arts du Canada et l'Université d'Ottawa de l'aide qu'ils apportent à leur programme de publication.

Nous reconnaissons l'aide financière du gouvernement du Canada par l'entremise du Programme d'aide au développement de l'industrie de l'édition (PADIÉ) pour nos activités d'édition.

Maquette et illustration de la couverture : Infograf

« Tous droits de traduction et d'adaptation, en totalité ou en partie, réservés pour tous les pays. La reproduction d'un extrait quelconque de ce livre, par quelque procédé que ce soit, tant électronique que mécanique, en particulier par photocopie et par microfilm, est interdite sans l'autorisation écrite de l'éditeur. »

ISBN 2-7603-0509-0
ISSN 1480-7742

© Les Presses de l'Université d'Ottawa, 2000
   542, King Edward, Ottawa (Ont.), Canada K1N 6N5
   press@uottawa.ca   http://www.uopress.uottawa.ca

Imprimé et relié au Canada

TABLE DES MATIÈRES

Remerciements .... *vii*

Introduction
M.-B. Tahon et D. Côté. 1

Chapitre 1
Famille et adoption : dissociations identitaires
F.-R. Ouellette 13

Chapitre 2
L'équité en matière de garde parentale : l'art de l'illusion
D. Côté 29

Chapitre 3
**Les ruptures d'union dans les familles recomposées :
l'expérience des Canadiennes**
H. Desrosiers, C. Le Bourdais et B. Laplante 53

Chapitre 4
**Les limites de l'association de la famille
et de l'État dans la prise en charge des adultes dépendants**
C. Maillé 75

Chapitre 5
Familles immigrantes et société d'accueil
M. Kérisit 93

Chapitre 6
La question du père
W. Apollon 115

Chapitre 7
Pour penser la mère : distinguer privé et domestique
M.-B. Tahon 127

Remerciements

La parution de ce livre est rendue possible grâce à la contribution financière de l'ACFAS-Outaouais, de l'Université du Québec à Hull et de la Faculté des sciences sociales de l'Université d'Ottawa. Nous en les remercions ainsi que les personnes qui, au sein de ces institutions, ont bien voulu faciliter nos démarches. Un merci tout particulier à Chantal Poirier et à Nicolas Verastegui qui ont réalisé la mise en page du «manuscrit».
Ce livre n'existerait pas non plus sans la contribution des auteurs, qui sont majoritairement des auteures. Nous tenons à les remercier pour la patience dont elles ont fait preuve: la fabrication d'un livre, et qui plus est d'un recueil d'articles, reste une aventure de longue haleine. L'originalité et la finesse de leurs analyses en font un outil qui transcende l'immédiateté. Nous remercions aussi les évaluateurs anonymes de ces textes. Leur travail est un gage précieux de qualité.
    Nous remercions enfin Laure Corten et Étienne Côté-Paluck qui incarnent nos sources inépuisables de questionnement en matière de famille et de fragmentation.

M.-B. Tahon
D. Côté

Introduction

MARIE-BLANCHE TAHON, Université d'Ottawa
DENYSE CÔTÉ, Université du Québec à Hull

Cet ouvrage réunit des articles d'abord présentés sous la forme de conférences (à l'exception de l'une d'elles) organisées par l'ACFAS-Outaouais à l'Université d'Ottawa et à l'Université du Québec à Hull durant l'année 1994-1995, l'année 1994 ayant été, on s'en souvient peut-être, l'année internationale de la famille. Il constitue un ensemble fragmentaire, mais ordonné, puisque les auteures et auteurs ont bien voulu tenir compte du canevas qui leur avait été initialement soumis. Il s'agit maintenant de voir quel parti en a été tiré dans les diverses contributions.

Il convient d'abord d'expliquer pourquoi « famille » et « fragmentation » sont écrits au singulier. Il est en effet de plus en plus courant de faire référence aux familles au pluriel pour, précisément, rendre compte de la multiplicité des types de familles (biparentale « d'origine », recomposée, monoparentale féminine ou masculine, homosexuelle, etc.) qui se sont diffusés depuis une trentaine d'années dans les pays occidentaux. *Famille* est ici employé au singulier pour marquer que les textes présentés, tout en étant attentifs aux multiples formes qu'elle revêt maintenant, s'inscrivent dans une réflexion sur l'institution familiale. Nous faisons nôtre cette remarque de Francis Godard (1992 : 15) : « [...] on ne peut s'en tenir à ce relativisme sans risque et se contenter de décrire les infinies variations empiriques des formes de vie familiale sans se demander à un moment ou à un autre, si ces évolutions ne modifieraient pas en profondeur quelques matrices constitutives de la parenté et de la filiation en particulier. »

Quant à *fragmentation*, ce terme rend compte, nous semble-t-il, des diverses transformations qu'a subies jusqu'à aujourd'hui l'institution familiale. Il a notamment été retenu à cause du lien étroit qui l'unit à la « postmodernité ». L'emploi de ce terme « fourre-tout » de postmodernité est certes éminemment discutable. Il nous paraît cependant convenir dans l'étude de la famille actuelle. Celle-ci n'est probablement plus moderne parce qu'elle semble avoir réalisé les idéaux de la modernité. Se trouve ainsi posée de nouveau la question de savoir si la famille est compatible avec les droits individuels de liberté et d'égalité (Tahon, 1995). *Une* réponse ne lui est pas apportée et le questionnement reste ouvert. À l'abri du recours aux diverses significations de postmodernité, il n'est sans doute pas inutile de répéter que l'extansion des droits individuels de liberté et d'égalité aux femmes et aux enfants nous apparaît comme un phénomène positif, bien que leur octroi aux unes et aux autres ne relève probablement pas de la même dynamique. Cela dit, il n'en demeure pas moins que l'institution familiale classique, celle qui consacre l'alliance et la filiation, semble aujourd'hui fragilisée. Il n'y a peut-être pas lieu de le regretter. Il s'agit pourtant de déterminer davantage la façon dont les problèmes se posent. C'est ce à quoi s'attache ce recueil de textes.

*
* *

La multiplication des types de familles est associée à des indices démographiques solidaires les uns des autres : chute de la natalité, chute de la nuptialité, hausse du nombre de divorces et hausse de l'union libre, attestée par le chiffre des naissances hors mariage. Ces indices s'accompagnent de phénomènes comme l'allongement de l'espérance de vie – aujourd'hui, s'ils ne divorcent pas, un homme et une femme peuvent rester mariés plus d'un demi-siècle – ; le règne de l'État-providence entre la fin de la Deuxième Guerre mondiale et la fin des années 80, qui a notamment eu pour effet de socialiser nombre de fonctions familiales, en particulier en matière de santé et d'éducation, a entraîné, par exemple, un allongement notable de la période de scolarisation, ainsi que la salarisation des femmes, le maintien des mères de jeunes enfants sur le marché de l'emploi et le double revenu familial en vue de l'obtention d'un niveau de vie satisfaisant.

Un autre facteur a également contribué à transformer la famille telle que l'avait décrite Parsons dans les années 50 : la reconnaissance du droit des femmes à contrôler elles-mêmes leur fécondité. Cette reconnaissance est apparue dans les années 1975-1980. Elle a entraîné des transformations majeures dans les règles qui présidaient alors au fonctionnement de la famille. Désormais le divorce apparaît comme le moyen de dissoudre un mariage qui n'est plus heureux. Il indique que les conjoints (ou l'un des deux) ont jugé que la vie conjugale ne leur apportait plus de satisfactions et qu'ils voulaient y mettre fin pour, éventuellement, tenter une autre expérience. Il est aujourd'hui dépourvu de toute référence à la « faute », et il n'y a plus de conjoint « coupable ». L'adultère n'est donc plus un motif qui est allégué, du moins explicitement, dans une procédure de divorce. Quelle serait encore sa raison d'être puisque le principe « le père est le mari de la femme » n'est plus maintenu ? Désormais, pourrait-on dire, le père est l'homme que la mère désigne comme tel, et la distinction entre enfants « légitimes » et enfants « naturels » a disparu. Aussi, les naissances « hors mariage » se multiplient-elles.

La reconnaissance du droit des femmes à contrôler elles-mêmes leur fécondité a, semble-t-il, des conséquences paradoxales à plusieurs égards. On pourrait s'attendre à ce qu'elle consacre le caractère symbolique de la maternité. Dorénavant, il est formellement possible qu'une femme ne « tombe » plus enceinte. Elle est en principe placée en condition de ne devenir mère que si elle dit « je le veux » ; actualisant la revendication portée par le féminisme des années 70 : « Un enfant, si je veux, quand je veux[1] ». Le caractère biologique de la maternité devient encore plus secondaire. Il l'a toujours plus ou moins été, même s'il a été mis en exergue par les discours médicaux du XIXe siècle destinés à justifier la tenue à distance des femmes de l'espace public et de l'espace politique malgré la proclamation de la liberté et de l'égalité des êtres humains lancée par les révolutions démocratiques.

Ce qui a changé avec l'accès à une contraception féminine sûre et à la liberté de l'avortement, c'est que le caractère biologique de la maternité ne peut plus être instrumentalisé pour justifier la minorisation des femmes. Non seulement la certitude attachée à la maternité se maintient dans la plupart des cas, mais en outre elle est encore renforcée par le rôle joué par la volonté de la femme. Il faut toutefois faire remarquer que la « toute-puissance » liée à l'expression du « désir d'enfant » de la femme est battue en brèche par la diffusion des familles monoparentales « à chef féminin ». On sait que les familles monoparentales constituent aujourd'hui un cinquième des familles avec enfants mineurs et qu'au moins 85 % de ces familles monoparentales sont dirigées par une femme, dont bon nombre d'ailleurs vivent sous le seuil de la pauvreté.

L'expression « famille monoparentale » est récente, même si le phénomène n'est pas nouveau ; dans le passé, elle résultait du sort : la mort de l'un des parents. Il y a lieu de noter que, lorsque la mort entraînait la monoparentalisation, les familles monoparentales dirigées par une femme étaient déjà nettement plus nombreuses que celles dirigées par un homme. Non pas qu'alors les hommes étaient condamnés à mourir « dans la fleur de l'âge » plus que les femmes, sinon à l'occasion des guerres ; c'était plutôt le contraire étant donné que de nombreuses femmes mouraient en couches. Mais un veuf chargé d'enfants avait beaucoup plus de chances de se remarier qu'une veuve, aussi n'était-il pas longtemps à la tête d'une famille monoparentale. Aujourd'hui, il existe toujours des familles monoparentales qui résultent de la mort de l'un des parents mais il s'agit d'un phénomène résiduel, dans l'ensemble. La très grande majorité des familles monoparentales sont dues à un divorce ou à une séparation, c'est-à-dire à une cause qui procède elle aussi de la volonté de l'un ou des deux partenaires. Sans doute l'ostracisme, matérialisé dans la pauvreté, dont sont l'objet ces familles témoigne de la permanence de l'idéal que représente la famille biparentale « classique », malgré le discours « libéré ».

Autrement dit, on peut divorcer ou se séparer comme on veut, mais on en paie le prix. D'autant que ce sont les femmes qui demandent le plus souvent le divorce (les données manquent en ce qui concerne la séparation) et, qui plus est, lorsqu'elles ont des enfants, ce sont des enfants « désirés », « voulus ». On a ici une illustration – elle n'est pas la seule – du télescopage entre le discours passéiste (même s'il n'y a pas « faute », le divorce est une démarche pour laquelle « il faut payer ») et le discours moderniste, voire postmoderniste : puisque la volonté de la femme est aujourd'hui tenue pour déterminante dans la naissance d'un enfant, il lui revient de le prendre totalement ou principalement en charge. L'imposition de la pension alimentaire par Revenu Canada exprimait bien cette assignation de la mère à prendre gratuitement en charge l'enfant qu'elle a voulu : la pension alimentaire qui sert partiellement à couvrir les frais de l'enfant est considérée comme un revenu dont une part revient à l'État. Cela sans que soit pris en considération le travail accompli pour l'entretenir et la charge mentale qu'il représente. Tout se passe sous le mode : « Elle l'a voulu, elle n'a qu'à s'en occuper. » Cette perception de bon nombre de pères était ratifiée par la collectivité du fait de l'imposition de la pension alimentaire pour l'enfant sur la feuille d'impôts de la mère. Le récent abandon de cette mesure ne doit pas faire illusion : elle a été rapportée parce que l'État fédéral a fait ses calculs et s'est rendu compte qu'il y gagnait au change. Vu que les pères qui paient la pension alimentaire pour leurs enfants ne peuvent plus la déduire de leurs impôts, il en résulte pour le trésor public un gain supérieur à celui découlant de l'ancienne formule qui obligeait les mères à la déclarer comme un revenu additionnel. Chacun sait que l'imposition est progressive (jusqu'à un certain point) et que les revenus moyens des hommes restent supérieurs aux revenus des femmes (dans ce merveilleux pays qu'est le Canada, « le meilleur au monde », les revenus moyens des femmes représentent seulement 70% des revenus des hommes). Le trésor public a donc objectivement intérêt dans ce cas à « pénaliser » les pères et à « dépénaliser » les mères.

INTRODUCTION

La fragmentation réside ici à dans le fait que la famille a de moins en moins partie liée avec la « communauté des citoyens », pour reprendre le titre du livre de Dominique Schnapper (1994). L'avènement de l'« enfant désiré » a dégagé la société de la responsabilité à l'égard de la reproduction. La reconnaissance sociale du « désir d'enfant » a abouti au confinement de la famille dans l'espace privé : ce qui s'y passe ne concerne pas le social. Au Canada, la première atteinte contre l'universalité des programmes sociaux a touché les allocations familiales sans que cela émeuve outre mesure l'opinion publique. Il est vrai que leur montant – à la différence des pays européens à régime social-démocrate – était à ce point devenu dérisoire que l'abandon n'a pas eu pour effet de grever le budget des ménages de la classe moyenne. Cet abandon montre que la procréation concernait dorénavant non pas la société, mais l'individu. Quel soulagement de constater que la femme reste, quoi qu'elle dise, gouvernée par ses hormones !

Car là se situe effectivement le paradoxe principal des transformations dans le domaine de la procréation depuis qu'est reconnu le rôle prédominant tenu par les femmes. Il aurait dû avoir pour effet de mettre au premier plan le symbolique du côté du père *et du côté de la mère*. Or, tout se passe comme si la nécessité d'admettre la fonction symbolique du côté maternel entraînait la prédominance du biologique. En particulier du côté des pères. Non seulement il est dorénavant possible de trancher entre le « vrai » et le « faux » père grâce aux tests de l'ADN, mais surtout on assiste, notamment en réponse à la douleur engendrée par le divorce, à la valorisation du caractère biologique de la paternité. Le texte de Denyse Côté fournit des éléments qui permettent de saisir le « comme si » de cette nouvelle donne. Plutôt que d'affronter la déchirure, plutôt que de corriger le déséquilibre toujours présent, après la séparation, dans la prise en charge effective de l'enfant – qui, le plus souvent, se calque sur ce qui prévalait avant –, on impose abstraitement l'égalité du père et de la mère, ce qui aboutit à l'établissement de la « garde conjointe », laquelle invisibilise à nouveaux frais tout le travail, y compris le travail « mental », que la mère divorcée ou séparée continue d'accomplir, le plus souvent avec des ressources pécuniaires moindres que celles dont elle disposait dans le couple. En particulier, lorsque l'enfant ou les enfants sont en bas âge, ce qui est de plus en plus fréquent puisque les couples se séparent de plus en plus tôt. La confusion entretenue autour de la « garde conjointe » et de la « garde partagée » – elle est « partagée » quand le père exerce son droit de visite – s'étend à la famille recomposée quand elle cesse d'être gynéparentale : le beau-père est invité à ne pas s'imposer comme « père social » tandis que les ex-conjoints sont appelés à continuer de jouer le rôle de parents. Autrement dit, comme le fait remarquer Irène Théry (1993, 136), « le divorce devient l'apothéose paradoxale de la famille puisqu'elle résiste à tout, même à la séparation, même à la décohabitation ». Cette vision qui va, apparemment, à l'encontre d'une fragilisation de la famille, prétend s'appuyer sur « un donné naturel, biologique : la reproduction fait la famille, une famille aussi indissoluble que le lien biologique » (Théry, 1993, 330-331). Le texte de Willy Apollon insiste à juste titre sur l'importance de l'« autorité paternelle ». Encore faudrait-il que cette autorité puisse être exercée et que le père puisse être un *auctor*, « celui qui accroît, qui fonde ». De quel père s'agit-il ? À quelles conditions le père « biologique » reste-t-il le père « social » ? En dehors de la petite bourgeoisie intellectuelle – pour reprendre une expression datée – particulièrement soucieuse de préserver « le cercle de [ses] petits intérêts domestiques », comme dirait Tocqueville, la coexistence des deux pères n'est-elle pas impossible à réaliser ?

Si la collectivité avalise la perception de pères qui rationalisent leur non-implication ou leur implication très modeste dans la prise en charge de leurs enfants sur le mode : « elle l'a voulu, elle n'a qu'à s'en occuper », il faut également compter avec le groupe de pression des « nouveaux pères » – occupant le terrain médiatique de manière inversement proportionnelle à leur nombre – qui, invoquant le « droit à la tendresse », qu'ils revendiquent comme un droit de l'homme (masculin), fait un procès aux femmes qui, selon ce groupe, tendent à ne considérer les pères que comme des « guichets automatiques ». Ces règlements de comptes assez sordides – n'en appellent-ils pas à la mélodramatique compassion à l'égard des « fils manqués » forcés de reproduire l'attitude des « pères manquants » qui fait la fortune de Guy Corneau ? – s'appuient sur une « affectionalisation » qui marque le discours sur la famille, en particulier du côté des pères. Or, comme les analyses de Germain Dulac (1994) l'ont magistralement mis en évidence, « c'est au titre de personne non responsable de la garde physique (des tâches qui y sont associées) qu'ils désirent exercer des droits parentaux et avoir une influence sur les enfants ». L'affectif, qui constitue désormais le ciment de la famille – on s'unit parce qu'on s'aime, on fait un enfant parce qu'on s'aime et on se sépare parce qu'on ne s'aime plus – est alors invoqué par les « pères revendicateurs » afin de continuer à exercer une autorité sur des enfants dont l'entretien quotidien est passé sous silence, est renvoyé à l'invisible.

La mise en évidence des liens biologiques est également présente à l'autre bout de la chaîne, dans la prise en charge des « personnes dépendantes », le plus souvent de vieux parents « en perte d'autonomie ». L'étude de Chantal Maillé fait bien ressortir les effets du discours naturaliste de l'amour et des liens biologiques : il appartient à l'une des filles de les prendre en charge en cette ère de démantèlement de l'État-providence. On reconnaît dans ce cas aussi les effets pervers du mouvement d'individuation dans les sociétés occidentales. Celui-ci a été extrêmement lent à toucher les femmes. Elles n'ont été pleinement reconnues comme des individus que dans les années 1970, quand ont été gommés de la loi les éléments qui les minorisaient, quand elles furent formellement reconnues comme égales aux hommes, c'est-à-dire après que fut reconnu leur droit de contrôler elles-mêmes leur fécondité. Il n'y a pas lieu de mettre ce « progrès » en cause. On ne peut pourtant manquer de remarquer que le soin des enfants et des invalides (personnes âgées ; handicapés) – dorénavant appelés, rectitude politique oblige, « personnes en besoin de soins » – reste presque exclusivement sous la responsabilité des femmes. La transformation qu'implique la représentation des femmes comme individus sur le plan de la séparation entre le privé et le public ne produit pas les effets attendus lorsque, par suite de la « crise » de l'État-providence, la charge des « personnes dépendantes » est supportée principalement par la sphère privée. Le « virage ambulatoire » montre clairement que le travail socialement accompli par des femmes – pour lequel elles reçoivent un salaire, ce qui, par le fait même, ne le place pas sous le signe de la disponibilité permanente – tend de plus en plus à être pris en charge privément. À redevenir « invisible » puisque gratuit.

Le discours des sciences sociales joue sans doute un rôle dans ce retour en force du discours naturaliste de l'amour et des liens biologiques. Depuis vingt-cinq ans n'entretient-il pas la confusion entre le « privé » et le « domestique » ? Comme tente de l'établir le texte de Marie-Blanche Tahon, cette confusion entretenue pourrait procurer un « bénéfice imaginaire » : celui de faire l'impasse sur le bouleversement qu'induit la reconnaissance du droit des femmes de contrôler elles-mêmes leur fécondité sur la structure familiale. À force de répéter que rien n'a véritablement changé, que le « partage des tâches » n'a pas significativement progressé au sein du privé, que les femmes continuent à accomplir la quasi-totalité du travail domestique, on en arrive à ramener la famille à une entité ne comportant que des tâches. À ne plus la considérer comme une institution. Or, c'est probablement à ce niveau-là que la famille a le plus changé depuis trente ans. Aussi est-ce pour souligner le phénomène que, ainsi que nous l'avons dit, le mot « famille » est ici utilisé au singulier. Ce qui n'empêche pas de reconnaître l'existence de nouveaux types de famille ou de types renouvelés ni d'écarter toute hiérarchisation. Cet emploi permet toutefois d'éviter que ne soit banalisée la diversité des formes familiales. Sans nostalgie pour le modèle « papa, maman et les enfants » – qui n'est certes pas universel mais qui était le plus courant en Occident ce dernier siècle –, ce texte vise à interroger le questionnement qui résulte de sa remise en cause.

Il est inutile d'insister sur le fait qu'un retour à ce modèle est structurellement irréaliste. Il reposait en effet sur le couple formé par le père-pourvoyeur et la mère-ménagère. La disparition de la fonction de pourvoyeur unique exercée par le père transforme la représentation de la famille et de la paternité et elle a également des conséquences plus générales. On peut en effet regarder la construction de cette fonction comme une façon de disciplinariser des hommes-travailleurs, alors, essentiellement des ouvriers. Chargé de la responsabilité de faire vivre ses enfants et sa femme, le « bon » père est « bon » travailleur ; il doit travailler le plus longtemps possible (ponctualité ; assiduité ; non-recours à la grève) pour apporter un salaire régulier à la maison. Il devient, dès lors, un père « absent », dont la fonction paternelle est largement médiatisée par la mère. Certes, le père est le chef de famille puisque c'est de lui qu'elle dépend pour sa survie. Toutefois, en particulier dans la classe ouvrière, c'est la femme qui administre le salaire du mari toujours insuffisant pour répondre à tous les besoins. Par ailleurs, son absence du foyer pendant de nombreuses heures incite la mère à gérer également les rapports affectifs, si l'on peut dire, entre le père et les enfants. L'image que les enfants ont de leur père est largement celle qu'en a leur mère. Dans les rapports entre les enfants et le père, la mère assigne souvent à ce dernier un rôle d'autorité (« je le dirai à ton père ») lorsqu'elle ne parvient pas à faire face seule aux problèmes que lui posent les enfants. Cet édifice est déstructuré pièce par pièce lorsque que le bien-être matériel de la famille commence à dépendre du travail rémunéré de la mère. Le père, dès lors, doit avoir des rapports plus directs avec les enfants. Rapports plus chaleureux sans doute, rapports plus exigeants aussi. Les exigences s'accroissent considérablement lorsque la famille « d'origine » se sépare et se recompose d'une manière ou d'une autre, le plus souvent autour de la femme, pas nécessairement la mère. Le texte d'Hélène Desrosiers, de Céline Le Bourdais et de Benoît Laplante a ceci d'intéressant, entre autres, qu'il montre que la présence d'une belle-mère (le père gardien et sa nouvelle conjointe) tend à stabiliser la famille recomposée. Ce qui rejoint les résultats d'une enquête menée en France par Théry et Dhavernas (1993), qui estiment que « tout se passe comme si l'enjeu de la beau-parentalité était plus individuel pour les hommes, et plus familial, au sens large, pour les femmes ».

La place centrale accordée à l'enfant témoigne aussi de la transformation de l'institution. Elle découle, à vrai dire, de la fragmentation. Il n'est pas inutile de rappeler que, comme nous l'ont appris l'anthropologie et l'histoire, l'institution familiale repose sur l'alliance et la filiation. Selon Lévi-Strauss, les « structures élémentaires de la parenté » reposent essentiellement sur l'alliance, sur la loi de l'échange (qui est l'expression positive de l'interdit universel de l'inceste). Nous citerons une nouvelle fois cette superbe phrase de Georges Duby (1981, 23): « C'est en effet par l'institution matrimoniale, par les règles qui président aux alliances, par la manière dont sont appliquées ces règles, que les sociétés humaines, celles mêmes qui se veulent les plus libres et qui se donnent l'illusion de l'être, gouvernent leur avenir, tentent de se perpétuer dans le maintien de leurs structures, en fonction d'un système symbolique, de l'image que ces sociétés se font de leur propre perfection. » La substitution de l'union libre au mariage et l'acceptation du divorce et de la séparation montrent que l'institution matrimoniale a vécu. Elles entraînent, épaulées par la libéralité des codes civils, des perturbations dans l'établissement de la patrilinéarité (filiation par le père). Il n'y a peut-être pas lieu de regretter celle-ci : le mariage, la difficulté à obtenir le divorce et la patrilinéarité ont pu être considérés comme des servitudes, en particulier pour les femmes. Notons cependant que ces transformations aboutissent moins, dans le quotidien, à rendre égales la « condition masculine » et la « condition féminine » qu'à faire de l'enfant le pivot de la famille, notamment quand la famille d'origine se disloque.

Dans *La famille composée... autrement*, le Conseil de la famille du Québec (1994, 5) propose cette définition de la « famille recomposée » : « une famille fait l'objet d'une recomposition lorsqu'un enfant vit avec un de ses parents naturels et un autre adulte ayant entre eux un lien de conjugalité. » Le fait que cette formulation ne soit pas très élégante n'est pas le moindre de ses défauts. Cette définition illustre bien que la famille tend à être perçue comme une réunion momentanée d'individus. Elle témoigne de la difficulté que nous avons, en cette fin de siècle, à articuler de manière satisfaisante le privé et le public. Tandis que, comme nous l'avons dit, la collectivité se désintéresse de la famille, tandis que la famille n'est plus rattachée, ou si peu, au social, on demande à cette communauté restreinte de se comporter comme une addition d'individus. On assiste à une privatisation de la famille qui peut être comparée à celle qui est présente dans le secteur de l'économie où privatisation est synonyme de déréglementation. Il faut d'ailleurs faire remarquer qu'au cours de ces trente dernières années la famille est devenue de plus en plus dépendante du marché. Ce qui explique, par exemple, la nécessité de disposer d'un double revenu pour avoir un mode de vie comparable, toutes proportions gardées, à celui des parents ou des grands-parents. De plus, la famille à double revenu est devenue un modèle à suivre. Ceux et celles qui ne s'y conforment pas s'excluent eux-mêmes de la société : « c'est de leur faute ! »

L'enfant est-il un individu ? A-t-il des droits individuels de liberté et d'égalité ? Comment aborder ces questions ? Comment les formuler ? En particulier à une époque où l'imaginaire social est secoué par les révélations relatives à la pédophilie – que l'on pense à l'affaire Dutroux en Belgique ou à la banalisation de la pornographie enfantine sur l'Internet. On pourrait aussi évoquer le tourisme sexuel et le défoulement de la soldatesque en Somalie, la violence plus quotidienne et plus feutrée qui saccage combien d'enfances. L'« enfant-roi » est nu. Mais par-delà les exactions passibles de poursuites devant les tribunaux, comment interpréter qu'il revienne à l'enfant d'assurer le maintien d'une structure familiale disloquée ? N'est-ce pas sur ses épaules que repose le poids du maintien du couple parental quand le couple conjugal a disparu ? Il faut aussi évoquer ici les nouvelles techniques de reproduction qui viennent soutenir le « droit à l'enfant », sur mesure éventuellement. Un enfant appelé à naître n'est certes jamais consulté. On peut toutefois craindre que la différence entre l'enfant né et l'enfant fantasmé soit d'autant moins acceptée que le rêve se fonde sur toute une quincaillerie technologique comme sur le sacro-saint discours de la science. La réflexion que mène Françoise-Romaine Ouellette à propos de l'adoption constitue une piste stimulante pour admettre les dissociations identitaires. En distinguant entre adoption « nationale » et adoption « internationale », Ouellette montre que, dans le premier cas, c'est le statut parental qui circule au nom de la « compétence », tandis que, dans le second, « la famille » relève d'un but personnel d'engagement affectif. Les « dissociations identitaires » sont présentes aussi, d'une autre manière, dans les familles immigrantes, et le texte de Michèle Kérisit a le mérite de le souligner. La bonne conscience souvent de mise dans l'« accueil » ne suffit pas dans une société telle que la nôtre qui en est encore à chercher ses origines. Les rôles de « père » et de « mère » subissent un remodelage souvent profond au regard de la représentation, parfois nostalgique, de la famille d'origine.

Or, n'est-ce pas là l'intérêt de réfléchir à la famille, à l'institution familiale, par-delà ses formes de plus en plus fragmentées et fragmentaires ? Comment penser la fondation du lien social ? Comment vivre en commun ? Sur quels artifices doit reposer la fabrication de l'humain (Legendre, 1996) ? Car, comme le rappelle Bourdieu (1980) : « la sociologie de la famille, si souvent livrée aux bons sentiments, pourrait n'être qu'un cas particulier de la sociologie politique. » C'est dans cette perspective que les textes du présent recueil peuvent être lus. Celui-ci n'apporte pas de solutions, il se limite à apporter quelques éléments de réflexion.

Note

1. Dans les rues du Québec, c'était plus souvent « nous aurons les enfants que nous voulons » qui était proclamé. Il y aurait sans doute lieu de s'interroger sur le caractère pluriel contenu dans cette énonciation. Il indique incontestablement une revendication du mouvement *des* femmes. Reste que la volonté est une capacité qui s'exerce individuellement. Et l'exercice de la volonté en matière de maternité est probablement ce qui rend possible la reconnaissance de l'individu dans une femme. Aussi le slogan « un enfant, si je veux, quand je veux » est-il utilisé ici en tant que référence paradigmatique à la transformation radicale qui marque la « condition » féminine ou le « statut de la femme ».

Bibliographie

Bourdieu, P. (1980), *Le sens pratique*, Paris, Minuit.
Duby, G. (1981), *Le chevalier, la femme, le prêtre. Le mariage dans la France féodale*, Paris, Hachette.
Dulac, G. (1994), *Penser le masculin. Essai sur la trajectoire des militants de la condition masculine et paternelle*, Québec, IQRC.
Godard, F. (1992), *La famille. Affaire de générations*, Paris, PUF.
Legendre, P. (1996), *La fabrication de l'homme occidental*, Paris, Mille et une nuits/Arte.
Schnapper, D. (1994), *La communauté des citoyens*, Paris, Gallimard.
Tahon, M.-B. (1995), *La famille désinstituée. Introduction à la sociologie de la famille*, Ottawa, Presses de l'Université d'Ottawa.
Théry, I. (1993), *Le démariage. Justice et vie privée*, Paris, Éd. Odile Jacob.

Théry, I. et M.-J. Dhavernas (1993), « La parenté aux frontières de l'amitié : statut et rôle du beau-parent dans les familles recomposées », *in* M.-T. Meulders-Klein et I. Théry (dir.), *Les recompositions familiales aujourd'hui*, Paris, Nathan, 159-187.

1

Famille et adoption : dissociations identitaires[1]

FRANÇOISE-ROMAINE OUELLETTE, INRS-Culture et société

Je propose ici une réflexion sur les transformations actuelles de la famille en faisant un détour un peu inhabituel, puisque mon propos s'appuie sur une étude de l'adoption, c'est-à-dire sur une question qui n'est pas précisément à l'avant-scène des débats en sciences sociales. L'adoption est cependant un thème qui permet de mettre en lumière les conceptions culturelles, les normes et les valeurs qui président à la formation des familles et à l'établissement des liens de filiation. En effet, bien qu'elle s'écarte du modèle familial dominant, elle le renforce plus qu'elle ne s'y oppose (Modell, 1994). Si elle se transforme actuellement, c'est en même temps que l'ensemble des institutions familiales et en étroite résonance avec elles.

Il existe différentes modalités de transfert des droits et responsabilités parentales relatifs à un enfant. Dans le présent texte, je traite uniquement de l'adoption légale plénière d'un enfant n'ayant aucun lien de parenté avec ceux qui l'adoptent, dans le Québec des années 90. Il sera question des conceptions culturelles et du contexte social et institutionnel qui encadrent la pratique de l'adoption et non pas de l'intégration de l'adopté à sa nouvelle famille. Mon but est d'apporter des éléments d'information et de réflexion qui permettent de comprendre comment l'adoption s'inscrit dans la mouvance des changements familiaux actuels.

Dans un premier temps, je fais valoir que l'adoption fait écho aux pratiques et aux représentations dominantes en matière de parenté et de famille. J'indique ensuite que son évolution présente est liée au fait que les notions de famille et de parenté sont maintenant dissociées l'une de l'autre et que la famille est définie d'abord à travers l'affectif et les relations interpersonnelles. En dernier lieu, je montre comment ces changements se manifestent dans la prise en charge des enfants abandonnés, en décrivant en détail la dynamique sociale de l'adoption au Québec. Pour conclure, je considérerai brièvement, à titre d'exemples, deux questions que cette analyse peut éclairer : celle de l'identité des adoptés et celle des politiques gouvernementales favorisant l'adoption de nouvelles catégories d'enfants[2].

L'adoption dans notre organisation sociale et culturelle de la parenté

Le lien qui unit un enfant à sa mère et à son père n'existe pas en rapport avec une quelconque vérité objective. Il s'agit toujours d'un construit social et juridique qui n'a d'effet structurant que parce qu'il est reconnu comme tel par la société (Héritier-Augé, 1985). Toutefois, lorsqu'un enfant est né de ses parents, ce lien nous apparaît généralement relever de l'évidence, être naturel, spontané et permanent. Par contre, lorsqu'on traite comme étant le sien un enfant que l'on n'a pas soi-même engendré, des mécanismes particuliers de reconnaissance de ce lien doivent intervenir pour que se produisent les effets sociaux escomptés. Or, les modalités et les effets de la prise en charge d'un enfant procréé par d'autres varient considérablement selon les sociétés ; l'adoption telle que nous la connaissons ne constitue qu'un choix parmi d'autres et il est déterminé culturellement.

La circulation des enfants peut prendre, d'une société à l'autre, des formes extrêmement variées qui vont du prêt à l'échange, à la vente et obéissent à des motifs tout aussi variés (Lallemand, 1993). Le plus souvent, elle contribue à nourrir des relations d'échange entre « donneurs » et « receveurs » d'enfants, s'inscrivant alors dans le registre de l'alliance, comme le mariage. L'enfant déplacé sert ainsi à développer la socialité entre groupes, et son identité se construit sans que s'effacent ses affiliations d'origine. Au contraire, notre adoption légale vise à créer un lien de filiation entre l'enfant et les adoptants. Elle exclut, en principe, toute idée d'échange entre parents d'origine et parents adoptifs, et l'enfant ne représente alors que lui-même (Ouellette, 1995). L'état civil de l'adopté est modifié comme s'il n'avait jamais eu d'autre identité que celle conférée par l'adoption. L'anonymat des parents d'origine et la confidentialité des renseignements les concernant sont d'ailleurs préservés même si des assouplissements récents apportés à la loi rendent maintenant possibles la divulgation de certains renseignements aux adoptés de plus de 14 ans et, éventuellement, des retrouvailles si les deux parties y consentent.

Cette adoption pleine et entière constitue une forme particulièrement radicale de transfert d'enfant. Rompant tous les liens antérieurs à l'adoption, elle modifie complètement l'identité de l'adopté : du coup, il change de nom et acquiert une nouvelle famille, de nouveaux liens de parenté, de nouvelles conditions de vie, de tout autres perspectives d'avenir, et souvent il reçoit une nouvelle nationalité et est introduit dans un nouveau groupe ethnoculturel.

Pour que soit modifiée ainsi la destinée d'une personne, il faut qu'il y ait eu une suite de décisions et d'actions impliquant plusieurs acteurs : les parents qui ont accepté de céder l'enfant, les autorités qui l'ont recueilli et en assument la garde, les éventuels adoptants, les divers intermédiaires auxquels ils se sont adressés, le juge qui ordonne le placement et prononce le jugement d'adoption, etc. Il faut aussi, au préalable, que des décideurs publics, des juristes, des groupes de pression et des scientifiques aient conseillé le législateur sur les règles à établir. Cela montre bien que l'adoption n'est pas seulement un geste privé, mais aussi une question d'ordre public puisqu'elle concerne un enfant mineur. Elle est d'ailleurs soumise à la *Loi sur la protection de la jeunesse,* dont le principe premier est la sauvegarde de l'intérêt de l'enfant, qui définit les obligations à l'égard de ce dernier et impose l'évaluation des capacités parentales des postulants à l'adoption.

Les psychologues et les travailleurs sociaux chargés de cette évaluation se réfèrent à des critères scientifiques, à des normes de pratique professionnelle et à des conceptions culturelles largement partagées concernant la parenté et l'adoption (Ouellette, 1992). Ils insisteront, généralement, sur l'importance de faire le deuil de la fertilité et de l'enfant biologique avant d'adopter. Certains évalueront favorablement des demandes d'adoption faites par des femmes seules ou des couples homosexuels, d'adoption d'un enfant plus âgé qui change l'ordre de succession des enfants dans la fratrie, d'adoption très tardive. D'autres s'y opposeront sur la base de savoirs psychosociologiques ou à cause de leurs propres valeurs.

Les vues qu'ont les éventuels adoptants concernant la parentalité et la famille sont donc nécessairement confrontées à celles des professionnels et des institutions qui décident de l'adoption. Ils ont aussi à compter avec les commentaires de leur entourage et à accepter que leur décision soit critiquée et qu'elle fasse l'objet de débats médiatiques ou de recherches scientifiques. Dans ce contexte, des adoptants ont créé des groupes de pression et d'entraide pour que leurs voix soient entendues tout autant que celles des experts et des organismes internationaux préoccupés des droits des enfants.

Les objectifs poursuivis par les différents acteurs dans le domaine de l'adoption, les décisions qu'ils prennent et les raisons qu'ils invoquent pour les justifier sont des révélateurs de ce qu'ils considèrent être un lien de filiation légitime ou une famille adéquate, des conceptions qu'ils ont de l'enfant et du lien qui l'unit à ses parents. Leurs propositions peuvent toutes être regardées comme autant de tentatives pour résoudre une série d'énigmes inhérentes à notre structure familiale et se traduisant par des questions apparemment banales ou puériles, mais pour lesquelles il n'existe pas de réponse simple : La mère adoptive d'un enfant est-elle sa vraie mère ? Un enfant peut-il n'avoir aucun parent ? Peut-il avoir deux mères ou deux pères ?

En somme, l'adoption est une institution, qui véhicule les normes juridiques, socio-culturelles et morales, définissant la parenté, la famille et ce que serait un « vrai » parent ou une « bonne » famille. Chercher à comprendre comment évolue l'adoption, c'est donc en même temps tenter de mieux comprendre comment évolue notre rapport à l'institution familiale dans son ensemble.

L'adoption existe au Canada sous forme légale depuis 1924. À cette époque, et encore jusqu'à récemment, l'enfant légitime devait avoir été procréé dans le cadre du mariage ; des liens de sang devaient l'unir à ses parents légalement mariés. D'ailleurs, jusqu'en 1980, les enfants illégitimes et naturels, ainsi que ceux qui étaient légitimés par adoption, n'avaient pas tout à fait les mêmes droits que les autres, en matière de succession notamment. La morale sexuelle et l'infériorité sociale des femmes ont longtemps contribué à maintenir cette vision culturelle qui privilégie les liens de sang et marginalise les enfants nés hors mariage. Ces derniers étaient déposés en grand nombre dans les crèches et, jusque dans les années 70, ils alimentaient les circuits québécois d'adoption et étaient même parfois confiés à des couples à l'étranger (Collard, 1988, Dumont, 1993).

Loin de constituer une forme de remise en question des idées associant la parenté à la consanguinité, les situations d'adoption venaient les reconfirmer. Jusque dans les années 70, et même dans les années 80, les familles adoptives s'efforçaient avant tout de ressembler le plus possible aux autres familles, au prix d'un déguisement souvent dramatique de la réalité. L'adoption était tenue pour une transgression de l'ordre social naturel et perçue comme une filiation fictive, qu'on dissimulait en cherchant à être conforme à l'image sociale de la famille biologique. Les adoptés ignoraient leur origine et la révélation tardive de leur adoption avait souvent un effet traumatisant. Au cours des trente dernières années, par contre, les familles adoptives ont peu à peu cessé d'être stigmatisées.

Dans les années 70, des analyses psychosociales de l'adoption ont commencé à recommander l'acceptation ouverte de la différence entre parenté biologique et adoptive en soulignant les effets négatifs des stratégies de dissimulation. Selon David Kirk (1984), cette acceptation de la différence soutiendrait le développement de liens durables d'empathie entre les parents adoptifs et leur enfant, dans la mesure où ils peuvent alors reconnaître qu'ils partagent une même souffrance de ne pas vivre une relation de parenté charnelle. Ce mouvement d'ouverture s'est étendu à la faveur des adoptions internationales qui ont commencé vers la fin des années 70, car les origines étrangères de l'enfant sont alors évidentes. Il s'est encore accentué avec l'émergence de revendications en faveur de l'accès des adoptés aux renseignements existants sur leurs antécédents et les circonstances de leur abandon.

Il est vite entré dans les mœurs de ne plus chercher à cacher l'adoption et, surtout, de la révéler très tôt à l'enfant. Toutefois, cela ne relève pas toujours vraiment d'une compréhension éclairée de la perspective amenée par Kirk. D'ailleurs, le point de vue des groupes d'adoptés qui revendiquent la levée du secret sur leurs origines (appelés, au Québec, groupes de retrouvailles) est parfois déconsidéré comme étant celui d'une minorité de personnes ayant connu des problèmes personnels et familiaux qu'on aurait tort de relier à la confidentialité de leur adoption. Si les parents adoptifs font maintenant preuve de transparence, les raisons qui les motivent ne sont pas d'abord celles de reconnaître la différence entre parenté adoptive et parenté biologique : ils font surtout valoir que le mensonge et le secret sont inconsciemment perçus par l'enfant, et que celui-ci a le droit de connaître ses origines ainsi que les circonstances de sa naissance. Ils estiment aussi que l'apparence physique des enfants adoptés à l'étranger rend maintenant absurde de nier l'évidence de l'adoption.

En d'autres termes, si l'adoption en tant que mode de création d'un lien de filiation n'est plus une réalité occultée ou marginalisée, cela ne signifie pas pour autant que la différence inhérente à la parenté adoptive, au sens où l'entend Kirk, soit reconnue. Les personnes ayant récemment adopté un enfant à l'étranger disent plutôt bien souvent qu'il n'y a, pour eux, aucune différence. Comment interpréter cette apparente contradiction ?

Il semble bien qu'il est toujours difficile et parfois stigmatisant de devenir parent adoptif, mais que les exigences de conformité au modèle dominant de la famille nucléaire se concentrent surtout maintenant au niveau des interactions et des sentiments, dans la poursuite d'un idéal de normalité émotionnelle attribuée aux familles biologiques (Hoffmann-Riem, 1986). Dans cette optique, l'affirmation d'une différence entre parenté adoptive et parenté biologique n'aurait plus sa raison d'être car la qualité des relations affectives entre parents et enfant est devenu l'élément de définition essentiel de la famille, quelle que soit la nature (biologique, sociale ou juridique) des liens qui les unissent.

Les dissociations conceptuelles relatives à la parenté et à la famille

Les familles adoptives actuelles témoigneraient donc d'un certain désinvestissement de la consanguinité dans notre société. À cette supposition, on peut opposer plusieurs faits : l'engouement pour les recherches généalogiques, le recours aux nouvelles techniques de reproduction, la vitalité de certains mouvements ethnicistes mettant au premier plan les marqueurs somatiques et la consanguinité, par exemple. De plus, il est certain que les conceptions occidentales de la parenté qui associent les liens du sang à un attachement spontané et durable (Schneider, 1980) sont toujours vivaces. Elles jouent un rôle déterminant dans le développement des réseaux de sociabilité et de soutien des individus, et on fait largement appel à ces réseaux dits « naturels » pour compenser le retrait de l'État-providence.

Ces deux points de vue contradictoires sur les liens de consanguinité coexistent, me semble-t-il, plutôt qu'ils ne s'affrontent, et d'ailleurs ils peuvent être exprimés tour à tour par une même personne ou dans un même énoncé. Ce qui semble s'opérer, c'est davantage une dissociation des notions de famille et de parenté. La relative mise à distance de la consanguinité accompagne une profonde redéfinition de la famille comme institution et comme cadre de vie. Elle implique aussi une mise en cause de la parenté et de son importance pour les individus et pour la structuration de leur identité.

Dans la manière propre à notre société de considérer la famille, l'individu et l'affectivité ont maintenant une importance beaucoup plus grande que l'arrière-plan normatif et symbolique du système de parenté dans lequel s'inscrivent, en principe, les liens conjugaux et les liens de filiation. Les positions généalogiques des individus et leurs liens aux générations qui les précèdent (les vivants et les morts) ne jouent plus un rôle important dans les définitions de la famille et de l'identité individuelle. D'autres considérations dominent : la liberté de choix, les droits individuels et la recherche de l'authenticité dans les relations affectives

(Giddens, 1991). D'ailleurs, après les liens conjugaux, c'est maintenant au tour des liens parents-enfants d'être envisagés comme pouvant faire l'objet d'un contrat, et c'est l'affectivité qui leur donne un sens. Devenir parent devient un engagement affectif fondé sur la reconnaissance de la liberté de choix et de la singularité des personnes. C'est un projet personnel que l'on réalise pour soi et pour son enfant. Bref, on constate une autonomie croissante de la notion de famille par rapport à celle de parenté.

Dans ce contexte, l'enfant peut être appelé à satisfaire le désir des adultes et, à cet égard, il risque d'être l'objet de plusieurs formes d'objectivation, sinon de marchandisation. Par contre, il bénéficie de la protection de l'État, qui peut, dans l'intérêt de l'enfant, limiter les droits de ses parents et, éventuellement, se substituer à eux. L'enfant n'est alors plus tant le fils ou la fille de la lignée, l'enfant d'une famille au sens d'un groupe social ayant une histoire et inscrit dans la durée, qu'une personne à part entière ayant droit à l'affection, aux soins et à l'éducation que requiert son jeune âge. Les enfants sont maintenant d'ailleurs tous égaux en droit, quelles que soient les circonstances de leur naissance. Dans ce nouveau cadre conceptuel, l'arrière-plan généalogique des relations familiales passe, en un certain sens, au second plan. Les relations de filiation n'ont plus la même importance, ni dans les consciences, ni dans les échanges quotidiens.

À cette dissociation de la famille et de la parenté qui met l'idée de consanguinité et la question généalogique à distance dans la conceptualisation de la relation parent-enfant, on peut lier une certaine forme de dissociation des éléments constitutifs de la notion de famille elle-même.

La famille est le lieu privilégié d'actualisation et d'association de trois invariants de la reproduction : la procréation sexuée (associée aux relations de conjugalité ou d'alliance), la succession des générations (organisée en fonction des règles de la filiation, en l'occurrence celles de notre système de parenté) et l'inévitable dépendance des enfants par rapport aux adultes (ce qui implique généralement la résidence commune). L'importance accordée à chacun de ces trois éléments varie d'une forme familiale à une autre, selon la société et selon l'époque concernée. Jusqu'à récemment, au Québec, le modèle de la famille nucléaire supposait leur articulation constante et très étroite, et laissait peu de flexibilité. Les changements familiaux actuels ont pour effet de les dissocier. On peut maintenant, sans malaise, considérer que le lien conjugal, le lien de filiation et la cohabitation des parents et de leurs enfants sont devenus des dimensions de la famille indépendantes les uns des autres. De plus, la cohabitation devient le critère déterminant de la définition de la famille.

Depuis quelques décennies, l'alliance n'est plus essentielle dans la constitution de la famille. Pour certains, la filiation elle-même ne serait pas indispensable, si l'on en juge par certaines propositions formulées dans le cadre de consultations sur la politique familiale demandant de reconnaître comme formant une famille les personnes qui habitent ensemble et se soutiennent mutuellement (Belleau, 1994). D'ailleurs, plutôt que d'alliance et de filiation, c'est souvent beaucoup plus de « conjugalité » et de « parentalité » qu'il est question à propos des familles actuelles, et la sociologie privilégie de plus en plus l'emploi de ces termes. Les ruptures d'unions et les recompositions familiales sont interprétées sous l'angle du groupe domestique qui se forme, se défait ou se reforme. La famille est considérée avant tout comme un groupe de résidence et un milieu de vie, et son rattachement à l'ensemble plus large des relations de parenté devient très secondaire.

Cette redéfinition du familial et de la parenté a pour effet de rendre fragile le lien parent-enfant. Il introduit une ouverture à la réversibilité des filiations lorsque l'affection ne circule plus dans le noyau familial et que la résidence séparée d'un parent s'accompagne d'un relâchement de la relation avec son enfant. Les individus ne sont plus aussi fortement identifiés à la place qu'ils occupent dans la suite des générations. Cette situation encourage l'État à intervenir dans le domaine traditionnellement privé de la vie familiale dans une visée de protection des enfants et de leurs droits. Voyons ce que cela suppose comme dynamique dans le domaine de l'adoption, maintenant que l'on considère que la décision de devenir parent est éminemment personnelle et que la famille n'est plus aussi fortement associée à l'univers des liens de parenté permanents et inconditionnels.

La dynamique actuelle de l'adoption

Les pratiques d'adoption des années 90 font écho à ces transformations des conceptions et des valeurs. Elles sont axées sur les aspirations individuelles des adoptants, mais sont aussi soumises à l'intervention de l'État protecteur de l'enfant. Elles indiquent aussi nettement que l'institution de l'adoption s'est fragmentée. Pour comprendre celle-ci, il faut d'ailleurs maintenant varier les angles d'approche et tenir compte de la diversité des enjeux et des acteurs en présence.

Ayant choisi de concentrer mon attention sur le Québec, j'ai étudié plus particulièrement les pratiques et les prises de position énoncées par les agences gouvernementales d'adoption (lesquelles font partie des Directions de protection de la jeunesse) ainsi que l'action des différents organismes à but non lucratif qui sont surtout actifs dans le domaine de l'adoption internationale. Tous ces acteurs portent leurs efforts sur la question du placement permanent des enfants en situation d'abandon. Toutefois, les organismes bénévoles et les agences gouvernementales ont des orientations différentes et agissent dans des systèmes distincts de circulation d'enfants. C'est surtout dans le système des adoptions d'enfants domiciliés au Québec que s'affirment les positions de l'administration publique, alors que c'est presque uniquement à propos de l'adoption internationale que les groupes bénévoles participent activement aux débats publics et parviennent à influencer les manières de penser et d'agir. L'adoption interne et l'adoption internationale sont donc des secteurs distincts et presque indépendants, pour tout ce qui concerne le début du processus d'adoption, c'est-à-dire l'espace de temps compris entre la décision d'abandonner un enfant et le jugement qui confirme son adoption légale.

Dans le domaine de l'adoption interne, les professionnels mandatés par l'État sont les acteurs dominants. Ils veillent à l'application de règles juridiques et administratives qui laissent une faible marge d'autonomie aux parents biologiques et adoptifs et excluent les intermédiaires privés. Les adoptions privées d'enfants nés au Québec sont aussi formellement interdites, sauf pour des membres de la proche parenté. Les parents biologiques et les adoptants ne sont pas autorisés à négocier le transfert de l'enfant et, en principe, ils ne se rencontrent jamais. Le directeur de la protection de la jeunesse ou ses représentants dans les centres de protection de l'enfance et de la jeunesse sont seuls habilités à choisir les adoptants et à placer l'enfant sur l'autorisation du tribunal. L'adoption dite ouverte est maintenant un peu plus fréquente mais se pratique en marge des procédures officielles. Rares sont maintenant les nouveau-nés abandonnés alors que les adultes désireux d'adopter sont de plus en plus nombreux, ainsi que les enfants plus âgés délaissés par leurs parents et entièrement à la charge des services sociaux. Ce sont maintenant ces enfants plus âgés placés en famille d'accueil qui sont offerts aux postulants à l'adoption. Le gouvernement du Québec a pour politique officielle de développer ce type d'adoption et d'y consacrer des efforts en vue d'offrir aux enfants en situation d'abandon une garantie de stabilité[3].

En matière d'adoption internationale, l'État ne peut exercer de contrôle sur les décisions prises à l'extérieur de son territoire, ni contraindre ses ressortissants lorsqu'ils transigent avec des autorités étrangères. Le Secrétariat à l'adoption internationale joue un rôle de coordination et d'information qui s'exerce à la marge des procédures concrètes d'identification et de placement des enfants concernés : il consiste, notamment, à émettre des lettres d'autorisation d'entrée au Québec une fois qu'il est avéré que les démarches à l'étranger ont été accomplies dans la légalité et que les adoptants ont obtenu une évaluation psychosociale positive de leur projet parental ; à recommander au ministre de la Santé et des Services sociaux l'agrément des organismes désireux d'agir comme intermédiaires à l'étranger ; et, enfin, à s'assurer que ces derniers respectent les lois et remplissent adéquatement leur mandat.

L'adoption internationale, moins étroitement contrôlée, est ouverte à une multiplicité d'intérêts privés qui parviennent à faire valoir leurs points de vue. Ce sont d'ailleurs des groupes de pression formés d'adoptants qui ont obtenu, en 1990, des modifications à la loi ayant eu pour effet immédiat un accroissement du nombre d'adoptions internationales et l'entrée en scène de plusieurs nouveaux organismes intermédiaires et associations qui ont renouvelé le mouvement de l'adoption internationale. Jusqu'en 1990, l'adoption internationale au Québec était une aventure longue et frustrante et, en partie pour cette raison, relativement rare. Par contre, aujourd'hui, nous connaissons tous des amis, des collègues, des voisins qui ont été chercher un enfant en Chine, au Viêt-nam, en Russie ou en Haïti. Le nombre absolu des adoptions internationales n'a certes pas d'effet démographique appréciable (environ 800 par année). En revanche, il touche réellement beaucoup de gens, car ce sont tous les proches des adoptants qui se trouvent engagés dans une relation de parenté adoptive, avec les mêmes conséquences légales que suite à une naissance.

Dans l'adoption internationale comme dans l'adoption interne, la définition de l'enfant adoptable a donc profondément changé. Les enfants plus âgés, les enfants malades ou handicapés et les enfants de divers pays ou origines ethnoculturelles sont maintenant considérés comme adoptables. La raison n'en est pas simplement que les nourrissons blancs nés au Québec et disponibles pour adoption sont rares. C'est aussi que nos conceptions de la famille ont changé dans le sens que j'ai indiqué plus haut. Des couples sont donc maintenant disposés à adopter, sans se sentir infériorisés ou dévalorisés, une personne qui ne pourra jamais passer pour leur enfant biologique. S'ils affirment que leur famille n'est en rien différente d'une autre, ce n'est plus parce qu'ils cherchent à nier ou à faire oublier l'absence de lien biologique, mais parce que celle-ci ne leur apparaît plus comme importante.

Dans la mesure où, dans la société en général, la famille n'est plus associée automatiquement à la procréation et à la consanguinité, la différence entre les familles adoptives et les familles biologiques tend à s'estomper. L'idée que la famille est une unité sociale de résidence résultant d'un choix personnel et centrée sur l'enfant à aimer entraîne aussi comme conséquence que les liens familiaux où l'amour et la liberté n'occupent pas la première place puissent être remis en question. Elle autorise, sans qu'il se crée un véritable malaise, non seulement la formation de la famille adoptive, mais aussi la rupture de la filiation d'origine qui en est une condition préalable. Des adoptions que l'on envisage maintenant fort sereinement auraient été jugées tout à fait inadmissibles, il y a encore peu de temps, particulièrement celles d'enfants déjà grands dont les parents (qu'ils connaissent) n'ont jamais voulu consentir à l'adoption et qu'il faut donc rendre admissibles à l'adoption en engageant une procédure judiciaire pour faire la preuve que leurs parents ne peuvent adéquatement jouer leur rôle ou ne manifestent aucune intention crédible de le faire à court terme (voir ministère de la Santé et des Services sociaux du Québec, 1994).

Jusqu'à récemment, une telle atteinte au principe de préservation des liens entre parents et enfants aurait été inacceptable dans le cadre du système de protection de la jeunesse, que ces liens fussent faibles ou purement symboliques. Ils étaient implicitement considérés comme indéfectibles. Ce n'est plus le cas maintenant, car nous nous plaçons résolument dans une logique de protection de l'enfant et de ses droits personnels, selon laquelle l'intérêt de l'enfant peut s'opposer à la préservation de ses attaches, à l'intégrité de sa filiation. En effet, on envisage le lien parent-enfant comme devant d'abord permettre la satisfaction des besoins affectifs, intellectuels et matériels de l'enfant par des adultes dotés de capacités parentales correspondant dans l'immédiat aux besoins particuliers de cet enfant. Dans cette perspective, il peut être considéré légitime et souhaitable de créer une relation adoptive pour un enfant en provoquant ou en accélérant son abandon légal ou, plus directement, en passant outre au consentement à l'adoption et en demandant une déclaration judiciaire d'admissibilité à l'adoption. L'adoption a alors pour fin non pas de donner des parents à un enfant, mais de lui donner des parents jugés professionnellement adéquats, capables de lui offrir une famille stable. Sous cette forme, l'adoption apparaît être moins une institution de filiation qu'une institution familiale où la question des liens généalogiques joue un rôle mineur. C'est la présence des parents et les interactions quotidiennes qui sont regardées comme véritablement structurantes.

Les interventions professionnelles visant à résoudre par l'adoption des cas de détresse sociale et économique véhiculent une vision instrumentale de la famille au bénéfice d'enfants qui n'auraient autrement pas nécessairement accès à une relation de filiation à partir de laquelle se construire comme sujets. La famille et les parents sont définis comme des ressources : des ressources pour l'enfant et des ressources pour les services sociaux qui sont chargés d'assurer son bien-être. Pour ces derniers, la famille adoptive devient une solution de rechange au placement à long terme. Cette approche instrumentale tend à définir pour les parents, qu'ils soient d'origine ou adoptifs, une très faible marge de liberté par rapport aux visées institutionnelles de surveillance et de contrôle de l'exercice de leur rôle. En même temps, elle érige l'intérêt de l'enfant en valeur centrale de toutes les actions, interdisant qu'il puisse être subordonné à la poursuite des intérêts des adultes. De ce point de vue, d'ailleurs, l'adoption interne ne se présente pas comme une circulation d'enfants, mais comme une circulation du statut parental. Les adultes sont qualifiés ou disqualifiés en tant que parents, alors que l'enfant lui-même est maintenu de façon constante dans son statut de mineur à protéger, abstraction faite de son statut de filiation.

Dans l'adoption internationale, la situation se présente autrement. Plusieurs associations représentent les intérêts des personnes qui veulent adopter et se mobilisent pour permettre un meilleur accès aux enfants disponibles pour l'adoption dans des pays étrangers. Ces groupes ont en commun de favoriser la prise en charge de leurs projets d'adoption par les adoptants eux-mêmes et d'encourager la création de réseaux d'entraide. Ils sont aussi des groupes de pression capables d'influencer les pouvoirs publics. Les adoptants y sont d'abord considérés non pas comme des ressources pour les enfants abandonnés, mais bien plutôt comme les acteurs principaux d'un processus de formation d'une famille.

Les différents groupes d'adoption internationale sont préoccupés de la sauvegarde de l'intérêt de l'enfant, mais cette norme incontournable dans le domaine n'est pas la seule valeur qui oriente leurs actions. En mettant aussi de l'avant d'autres valeurs, ils se distancient de l'approche politico-administrative de protection de l'enfance. Certains ont une visée altruiste d'aide humanitaire mais la plupart, surtout les plus récents, rattachent explicitement l'adoption à un projet personnel de construction de soi et d'engagement affectif. L'amour est le mot clé de leurs discours. L'intérêt de l'enfant se trouve ainsi relativisé, car l'intérêt de ses futurs parents est tout autant reconnu comme source et finalité du projet d'adoption. La défense de l'adoption en tant que projet personnel des adoptants va parfois de pair avec une contestation de la légitimité des interventions de l'État dans ce domaine de droit privé. Il lui est cependant demandé de consacrer davantage de ressources à l'adoption afin d'être plus équitable envers les couples infertiles et les célibataires qui ont eux aussi le « droit » de fonder une famille. Certaines associations encouragent les démarches privées d'adoption qui permettent d'échapper aux contraintes et aux contrôles auxquels sont soumis les intermédiaires agréés, mais qui obligent souvent les individus à prendre seuls des décisions lourdes d'implications morales ou éthiques, d'autant plus qu'ils se trouvent exposés au risque d'entrer dans une logique d'échanges marchands. C'est d'ailleurs pourquoi la *Convention internationale sur la protection des enfants et la coopération en matière d'adoption internationale*, adoptée à La Haye en 1993, préconise le recours obligatoire à des intermédiaires autorisés.

Conclusion

En somme, les changements culturels que je tente ici de décrire témoignent d'une autonomie croissante de la famille par rapport à la parenté, du lien social par rapport au lien biologique, de l'individu par rapport aux affiliations qui lui sont imposées. Je ne crois pas qu'il s'agisse d'une évolution linéaire, univoque et inéluctable ; nous savons tous, d'ailleurs, que d'autres forces sociales favorisent, au contraire, les appartenances identitaires déterminées par la naissance et la consanguinité. Il apparaît cependant que les réaménagements conceptuels que j'ai indiqués peuvent avoir des effets concrets parfois plus profonds qu'il n'y paraît de prime abord ou qu'ils sont susceptibles d'éclairer des questions qui ne relèvent pas exclusivement du domaine de la famille. Je pense, en particulier, à deux types de questions relatives à l'adoption qui nous amènent à réfléchir sur le pouvoir de l'État et sur l'identité individuelle des adoptés.

L'approche individualiste qui caractérise certains des acteurs de l'adoption internationale est souvent vertement critiquée parce qu'elle favorise la déviance et qu'elle remet indirectement en cause la prédominance de l'intérêt de l'enfant que l'État a pour rôle de protéger. Par contre, elle fait surgir une question de fond, celle du partage des responsabilités, des droits et des pouvoirs à l'égard des enfants. Ne doit-on pas reconnaître que la fonction protectrice de l'État risque parfois d'amener certains excès de surveillance et de contrôle, d'encourager l'ingérence dans les décisions des individus et des familles ? Nous sommes nombreux à avoir tenu pour abusives les récentes propositions des Républicains, aux États-Unis, visant à retirer l'aide sociale aux jeunes mères célibataires et à envisager plutôt l'adoption de leurs enfants ou leur placement dans des institutions. Apparemment, il n'y a pas là de liens à établir avec les politiques d'adoption mises sur pied dans la majorité des pays occidentaux et destinées à faire adopter les enfants placés en famille d'accueil lorsque leurs parents ne peuvent eux-mêmes les prendre en charge. Mais ces politiques ne partagent-elles pas toutes deux une approche instrumentale de l'adoption et de la famille ? Les objectifs sont opposés (l'un est coercitif et punitif, l'autre est un objectif de protection), mais, dans les deux cas, c'est l'administration publique qui s'attribue le droit de juger la qualité de la relation parentale (en fonction d'une notion technocratique de « compétence ») et de diriger vers des adultes de la classe moyenne des enfants de milieux défavorisés.

Quant à l'identité des adoptés, c'est un sujet complexe, riche d'ambiguïtés, que je ne développerai pas ici. Signalons toutefois qu'il est actuellement traité de manière à mettre à distance la question de la filiation d'origine, sans pour autant la nier. Dans l'ensemble, la radicalité du changement d'identité imposé à l'enfant n'est pas considérée explicitement. L'attention porte sur son âge et ses besoins, véhiculant implicitement l'idée qu'il est un individu ahistorique, non relationnel, qui existe en lui-même, dans l'abstrait, dissociable de sa filiation, laquelle ne serait pas une dimension structurante de son identité. Souvent, surtout dans l'adoption internationale, on agit comme si l'enfant adopté était un enfant « trouvé » : sa vie sociale commencerait avec l'adoption. La différence ethnoculturelle constitue cependant un butoir dans les différentes stratégies de mise à distance de l'identité d'origine. Elle relance, en la déplaçant, la question des sources de l'individualité et du lien social habituellement formulée dans les termes de la parenté : Qui est cet enfant ? De qui est-il le fils ou la fille ? En somme, malgré la relative absence de la question généalogique dans les discours actuels sur la famille, les problématiques de l'identité individuelle et de l'ethnicité la remettent à l'ordre du jour.

Notes

1. Texte révisé de la conférence prononcée à l'ACFAS-Outaouais le 19 janvier 1995.
2. J'ai mené, depuis 1990, plusieurs projets de recherche sur l'adoption. Mon argumentation s'appuie plus particulièrement sur une recherche subventionnée par le Conseil québécois de la recherche sociale qui m'a permis d'étudier la redéfinition contemporaine des normes et des valeurs dans le domaine familial à travers une analyse de la dynamique sociale de l'adoption au Québec (Ouellette, 1996 ; Ouellette et Séguin, 1994).
3. Voir le cadre de référence en matière d'adoption publié par le gouvernement du Québec (ministère de la Santé et des Services sociaux, 1994). Il s'agit de « redonner une place importante à l'adoption comme projet de vie permanent » (p. 8)

Bibliographie

Belleau, Hélène (1994), « L'articulation des rapports individu-famille-État dans les représentations du lien parental », *Entre tradition et universalisme*, sous la direction de F.-R. Ouellette et C. Bariteau, Québec, Institut québécois de recherche sur la culture.

Collard, Chantal (1988), « Enfants de Dieu, enfants du péché : anthropologie des crèches québécoises de 1900 à 1960 », dans *Les enfants nomades, Anthropologie et Sociétés*, 12, 2, p. 97-123.

Dumont, M. (1993), *Des religieuses, des murs et des enfants. Hommage aux communautés religieuses qui ont assumé le fardeau des oeuvres sociales au Québec, notamment des enfants de Duplessis*, Allocution à la SSJB, Sherbrooke, Éditions XXIe siècle.

Giddens, Anthony (1990), *The Consequences of Modernity*, Stanford, Stanford University Press, 185 p.

Héritier-Augé, Françoise (1985), « La cuisse de Jupiter. Réflexion sur les nouveaux modes de procréation », *L'Homme*, 94, p. 5-22.

Hoffmann-Riem, Christa (1986), « Adoptive Parenting and the Norm of Family Emotionality », *Qualitative Sociology*, 9, 2, p. 162-178.

Kirk, David H. (1984), *Shared Fate. A Theory and Method of Adoptive Relationships*, Brentwood Bay, Ben-Simon Publications, 203 p.

Lallemand, S. (1993), *La circulation des enfants en société traditionnelle. Prêt, don, échange*. Paris, L'Harmattan.

Ministère de la Santé et des Services sociaux (1994), *L'adoption : un projet de vie*, Québec, MSSS, Direction de l'adaptation sociale, 87 p.

Modell, J.S. (1994), *Kinship With Strangers. Adoption and Interpretations of Kinship in American Culture*, Berkeley, University of California Press.

Ouellette, Françoise-Romaine (avec la collaboration de Johanne Séguin) (1992), « L'évaluation professionnelle des demandes d'adoption : la composante affective et l'approche biographique », *L'individu, l'affectif et le social, Revue internationale d'action communautaire* 27 (67), p. 119-128.

Ouellette, Françoise-Romaine (1995), « La part du don dans l'adoption », *Anthropologie et sociétés*, 19, 1-2, 157-174

Ouellette, Françoise-Romaine (1996), *L'adoption. Les acteurs et les enjeux autour de l'enfant*, Sainte-Foy, IQRC/Presses de l'Université Laval.

Ouellette, F.-R. et J. Séguin (1994), *Adoption et redéfinition contemporaine de l'enfant, de la famille et de la filiation*, Québec, Institut québécois de recherche sur la culture.

Schneider, David M. (1980), *American Kinship. A Cultural Account*, Chicago, University of Chicago Press, 137 p.

2

L'équité en matière de garde parentale : l'art de l'illusion

DENYSE CÔTÉ, Université du Québec à Hull

Le sociologue Philippe Garigue constatait en 1962 qu'une des caractéristiques principales de la vie familiale canadienne-française semblait être *la distribution précise des responsabilités et des rôles* (Garigue, 1962 : 33). La très grande majorité des personnes qu'il avait alors interviewées, tant hommes que femmes, estimaient en effet qu'il revenait à l'homme d'exercer l'autorité et d'assurer l'entretien de la famille et qu'il appartenait à la femme de lui être complémentaire en veillant au bien-être du groupe familial et à l'éducation des enfants. Cette conception, on le sait, a été longtemps véhiculée et encadrée par l'élite clérico-nationaliste canadienne-française. L'opinion publique a cependant changé rapidement: un sondage Gallup mené il y a déjà plus de dix ans démontrait en effet que tant les hommes que les femmes considéraient que leurs rôles devaient être beaucoup plus symétriques (Sondage Gallup, 1986). La représentation courante de la vie domestique s'est donc transformée en réponse à ce que d'aucuns ont appelé la *crise de la famille* des années 70. Attribuée à la révolution sexuelle, à la dénatalité, à l'urbanisation, à la plus grande présence des mères sur le marché du travail, à la fragilité des couples ou à l'influence du féminisme, cette crise comme celles qui l'ont précédée a été accompagnée de pronostics annonçant la *désintégration* de *la* famille et suivie de comportements familiaux mieux adaptés aux nouvelles conditions (Garigue, 1967 : 158).

Une des transformations marquantes en matière de vie domestique concerne la symétrie de l'autorité parentale sanctionnée par le Code civil québécois en 1980. La symétrie sexuelle dans la vie domestique domine d'ailleurs maintenant les discours gouvernementaux, juridiques, médiatiques et scientifiques. Le partage des tâches fait aussi partie du discours sur la symétrie domestique quoique sa portée soit plus restreinte. Souvent regardé comme une panacée (Barnett et Baruch, 1987), il est présenté dans la littérature scientifique tour à tour comme un moyen de décharger les mères occupant un emploi, de résoudre les difficultés dans les rapports hommes-femmes ou même les inégalités inhérentes au marché du travail.

La transformation des discours sur la vie domestique a été évidente mais non pas celle des pratiques de partage. D'après le dernier recensement canadien, le partage des tâches entre conjoints dans les familles et les couples hétérosexuels est encore très inégal. Ainsi, les hommes remplissent plus de tâches domestiques lorsque leur conjointe a un emploi à temps plein; mais 89 % des femmes qui n'assument pas un emploi, 86 % des femmes travaillant à temps partiel et 72 % des femmes employées à temps plein accomplissaient encore récemment l'ensemble des tâches domestiques (Marshall, 1993 : 28). Il semble que le nombre total d'heures de travail des hommes et des femmes a tendance à devenir égal lorsque les deux conjoints sont en emploi, mais que la nature du travail exécuté par chaque conjoint diffère : les femmes consacrent en effet presque 50 % de leur temps global au travail domestique tandis que les hommes augmentent dans ce cas leur temps de travail rémunéré (Le Bourdais, Hamel et Bernard, 1985 : 54). De plus, la charge des enfants et des adultes dépendants (Guberman, Maheu et Maillé, 1993) est toujours assumée dans une très large mesure par les femmes, ce qui n'est pas une mince affaire à cette époque de compressions dans les services de santé et les services sociaux, dont le virage ambulatoire est l'expression la plus récente.

Les discours sur les droits de la personne et sur l'équité ont aussi transformé nos représentations en matière de garde d'enfants. Ainsi, la garde partagée est maintenant considérée par plusieurs comme le moyen idéal pour atteindre l'équité en matière de garde d'enfant. La mise en place de ce mode de garde correspond en effet aux nouvelles représentations de partage équitable et de résolution non conflictuelle des questions relatives à la garde des enfants après un divorce ou une séparation. Or un autre écart entre la réalité et les représentations apparaît ici : la garde et le soin des enfants sont dans les faits encore assumés par les femmes dans la majorité des cas, et le partage de la garde des enfants n'est pas toujours aussi conflictuel que ne le laissent croire les médias. Ainsi, les situations conflictuelles en matière de garde d'enfants, situations que les nouvelles pratiques consensuelles de garde partagée ont pour objet de corriger, ne sont pas très nombreuses : la très grande majorité des ententes relatives à la garde des enfants à la suite d'un divorce (soit 95 % des ententes acceptées par le tribunal) ont été négociées par les deux conjoints. Ainsi, avant même la mise en place de la médiation obligatoire, seulement 5 % des cas faisaient l'objet d'un litige devant être tranché par le tribunal. Dans ces cas, les pères qui demandaient la garde avaient 67 % de chances de l'obtenir.

Il importe donc, croyons-nous, d'envisager la garde physique partagée à la fois sous l'angle des pratiques et de la construction des nouvelles représentations sur lesquelles elles prennent appui. La garde partagée est loin d'être une panacée : l'octroi d'une garde partagée par le tribunal ne permettra pas, par exemple, d'éliminer à lui seul les hiérarchies sexuelles liées à la prise en charge des enfants après une séparation. Comme tout mode d'organisation sociale, la garde partagée est en effet traversée par des rapports sociaux de sexes, lesquels sont déterminants pour l'appréciation des transformations actuelles de la famille. Pour comprendre ce phénomène, il importe d'expliquer les causes de l'écart entre les nouvelles représentations d'équité en matière de garde partagée et les pratiques parentales de partage du soin des enfants dont elles découlent. Nous examinerons dans un premier temps certaines questions d'ordre juridique qui sont à la source des nouvelles représentations d'équité, puis nous illustrerons la transformation des rapports sociaux de sexes en garde physique partagée par le biais de quelques résultats d'une recherche sur le partage des soins entre parents.

La mystique juridique de la garde partagée

Paradoxalement et malgré sa perte de prestige, le système accusatoire génère toujours la jurisprudence et donne le ton aux négociations sur la garde des enfants. De plus, le juridique génère maintenant une mystique qui se donne pour capable de résoudre les problèmes sociaux, en particulier les problèmes d'inégalité ou de discrimination. Traditionnellement présenté comme émanant du social, le juridique est maintenant regardé comme le protecteur des droits de la personne et l'élément moteur du changement social.

Pour mieux voir comment cette inversion se traduit dans le domaine de la garde partagée, il importe d'abord de décrire les paramètres juridiques de l'octroi de la garde des enfants après un divorce. Nous savons que les processus juridiques en matière de divorce et de garde des enfants se sont graduellement éloignés de la notion de faute et se sont concentrés sur les questions de division de la propriété commune, de pensions et de besoins des enfants (Coltrane, Hickman, 1992 : 402). On a critiqué et on critique toujours le caractère accusatoire du système, de même que sa tendance à faire des échanges de propriété aux dépens des enfants. Mais malgré le fait que le système est maintenant, en principe du moins, un système sans faute et ne défendant aucune valeur en particulier, les enfants sont encore souvent campés comme une propriété, objet de désir à la fois des pères et des mères. En fait, les échanges de propriété aux dépens des enfants ne semblent pas avoir diminué avec la généralisation des méthodes consensuelles de règlement des litiges, telles que la médiation. Si le système a écarté les accusations de cruauté autrefois nécessaires pour obtenir un divorce, il a toutefois maintenant un préjugé défavorable à l'égard des mères qui poursuivent leur ex-conjoint en justice pour abus commis au moment d'une séparation ou d'un divorce : elles risquent de perdre la garde puisqu'elles sont présentées comme refusant le consensus et la collaboration avec le père de l'enfant (Saunders, 1994 : 56), collaboration définie en termes d'accès facile du père aux enfants.

Par ailleurs, les tribunaux se basent maintenant sur le critère du *meilleur intérêt de l'enfant* pour attribuer la garde. Celui-ci est de plus en plus défini en termes de satisfaction des besoins; ainsi, les droits de l'enfant seront définis en fonction de ce qu'on considère être la réponse à ses besoins. Il est important de comprendre ce que recouvre la notion de *besoins de l'enfant*. Celle-ci a depuis toujours reposé sur les habitudes sociales prévalentes en matière d'éducation des enfants, influencées à leur tour par les valeurs morales, religieuses et sociales de l'époque (Canada, Ministère de la Justice, 1993 : 21). On croit ainsi aujourd'hui que les enfants doivent avoir des conditions d'existence qui favorisent leur développement personnel : « *a state of happy tranquility achieved by fulfilling the needs of the body, the mind and the soul* » (Mayrand, 1983 : 163). L'enfant doit être nourri, entretenu et surveillé par ses parents (Gouvernement du Québec, 1995 : art. 646) et tout enfant a droit à la protection, à la sécurité et à toute l'attention que ses parents peuvent lui donner (Gouvernement du Québec, 1989 : art. 39).

En matière d'ordonnance de garde, les décisions dans le *meilleur intérêt de l'enfant* ont tendance à se résumer au choix du parent qui peut lui offrir le milieu jugé le plus apte à répondre à de tels besoins. Ici la conduite antérieure des parents ne peut plus être prise en compte, puisque le système n'admet pas la faute, sauf si cette conduite est liée à l'aptitude à agir à titre de père ou de mère (Gouvernement du Québec, 1995 : art. 16.8; Mayrand, 1983 : 164). Bien que les références aux modes de vie et aux habitudes sexuelles susceptibles d'être qualifiées d'amorales chez les mères aient été ainsi écartées, le choix du parent s'opère de plus en plus en fonction de l'avenir, ce qui a pour effet de nier le travail jusque-là accompli par la mère.

> It is not a question of deciding which of the two parents has been the more deserving, but rather of predicting which of

them will exhibit conduct most beneficial for the child's welfare. It is not a question of judging the past, but of establishing for the future. (Mayrand, 1983 : 163).

L'État structure ainsi de plus en plus, et de multiples façons les rapports devant exister après le divorce et assure de plus en plus la régulation des liens entre la mère et l'enfant (Fineman, 1989 : 27-28). S'employant à épouser les intérêts de l'enfant, l'État contrôle le processus décisionnel de garde en s'appuyant sur les professions aidantes (Fineman, 1989 : 34). Le divorce devient alors un état de crise que des professionnels de la relation d'aide sont chargés de gérer. Au moment du divorce, les parents sont même volontiers regardés comme incapables de prendre en compte l'intérêt de l'enfant; celui-ci apparaît comme ayant part au litige. Les enfants étant posés en victimes du divorce, les opinions des parents deviennent suspectes. Les déclarations des professionnels ont donc plus de crédit que celles des parents à la Cour ou en dehors de celle-ci. Les tribunaux et les médiateurs s'appuieront ainsi largement sur les évaluations faites par des psychiatres, des psychologues et des travailleurs sociaux. Leurs avis s'ajouteront aux éléments de négociation lors du divorce (Canada, Ministère de la Justice, 1993 : 21). Ces évaluations seront d'ailleurs reçues sans examen et sans réserve aucune (Canada, Ministère de la Justice, 1993:21). C'est ce que soulignait la juge L'Heureux-Dubé de la Cour suprême du Canada dans un commentaire formulé en 1993 : « *Les avis professionnels sont souvent contradictoires et spéculatifs et très certainement influencés par les valeurs des assesseurs eux-mêmes.* » (Canada, Cour suprême du Canada, 1993 : 10).

Dans les procédures destinées à défendre les intérêts de l'enfant, l'expertise professionnelle prend le pas sur l'expertise parentale. On favorise en outre la garde partagée, car les professionnels sont pour la plupart très réticents à accepter la garde exclusive. La mystique professionnelle s'associe ici à la mystique juridique. Ainsi, de nombreux professionnels soutiennent que les parents divorcés devraient conserver les mêmes droits et responsabilités qu'au moment de leur union (Canada, Ministère de la Justice, 1993 : 29). Certains attribuent même la démission des pères après le divorce au fait que la garde maternelle leur aurait fait perdre la maîtrise de la situation (Brophy, 1989 : 224). La garde partagée apparaît à ces derniers comme une formule parfaitement équitable; elle devient ainsi plus attrayante que la notion de visite, considérée par certains comme choquante sur les plans émotif et symbolique. Mais on confond ici désir d'équité et réalité sociale.

> Desirable custody policy, therefore, was post-divorce shared parenting [...] In essence, the social worker's ideal of shared parenting was a rejection of the desirability of a legally acknowledged role of custodian. (Fineman, 1989 : 731-732).

En effet, pour permettre aux pères de s'occuper de l'enfant après le divorce, il faudrait accorder au parent non gardien (la plupart du temps, le père) un statut parental et décisionnel formel, sans égard aux répercussions de ce geste sur le parent gardien (généralement la mère) ou à ses effets sur des objectifs poursuivis (transformera-t-elle réellement le comportement des pères?) (Neely, 1986 : 14)[1].

> Joint custody is seen by many as an ideal solution in which ex-spouses maintain a co-parenting relationship and children are assured frequent access to both parents. (Bronstein, 1988 : 5).

Dans les faits, cette manière de voir identifie les intérêts des enfants à l'amélioration du statut des pères après le divorce. Dans cette optique, la garde légale partagée, définie en termes de partage de l'autorité parentale, permettrait aux pères de continuer à s'occuper de leurs enfants, ne fut-ce qu'en conservant le droit de regard sur certaines décisions concernant l'enfant (Delorey, 1989). On lui confère ainsi par la même occasion une place centrale dans la reconstruction du comportement paternel, ainsi qu'une fonction éducative et symbolique (Brophy, 1989 : 224). Il s'agit là d'une façon tout à fait particulière de revendiquer une place pour les pères divorcés ou séparés : l'ingénierie juridique et professionnelle pourrait ainsi se substituer à la transformation de l'investissement domestique et éducatif des pères. Les mères, la maternité ainsi que leur travail de prise en charge des enfants seraient alors relégués dans l'ombre et même, à la limite, leur mise en valeur ferait obstacle à l'apparition d'une nouvelle forme de paternité.

L'individualisation de l'enfant est posée ici comme point de repère et en termes de déconstruction du rapport mère-enfant. Le contact direct avec l'enfant propre à la majorité des rapports mère-enfant est même considéré à la limite comme un obstacle au rapport père-enfant (Yogman, 1988 : 61; Smart et Sevenhuijen, 1989 : 10). On suppose même parfois l'existence d'un conflit d'intérêt entre la mère et l'enfant (Smart et Sevenhuijen, 1989:48). Il est dès lors de plus en plus difficile pour les femmes d'intervenir dans le processus de définition du *meilleur intérêt* de leurs enfants. Elles sont placées en effet dans une situation sans issue.

Lorsqu'elles n'investissent pas émotivement et matériellement auprès de leurs enfants, elles peuvent être regardées comme de mauvaises mères, des mères qui ne méritent pas qu'on leur accorde la garde. Mais quand elles s'investissent dans l'éducation de leur enfant, elles risquent de paraître partiales, comme ayant des intérêts à défendre, ce qui les rend suspectes et les discrédite automatiquement aux yeux des professionnels et des juges (Smart et Sevenhuijen, 1989 : 24). À la limite, dans les cas litigieux évidemment, on peut qualifier la demande de garde maternelle d'égoïste et la considérer comme contraire aux intérêts des enfants. Par contre, les pères, en particulier ceux qui demandent la garde ou un droit étendu de visite, sont de plus en plus représentés comme plus proches des intérêts des enfants.

La garde partagée et, de façon générale, la garde des enfants après un divorce viennent ainsi à être définies en termes de partage de l'autorité parentale et d'accès aux enfants plutôt qu'en termes de responsabilité et de prise en charge du soin des enfants. En fait, la garde partagée devient l'affirmation d'un lien social qui survit au divorce. Et ce lien se fonde maintenant sur un critère de parentalité biologique plutôt que sur des critères moraux, sociaux ou religieux. Il s'accompagne également d'une sous-valorisation du travail des mères et d'une survalorisation de la contribution des pères aux soins des enfants (Boyd, 1990 : 3). On note ainsi que le système judiciaire et les professionnels s'intéressent de moins en moins à la situation des mères. Paradoxalement, cette réévaluation et ce rejet des fonctions maternelles procèdent d'une attitude qui a été à l'origine celle des féministes et qui consiste à amener les hommes à se rendre responsables à l'égard des enfants (Fineman, 1989 : 93).

Devenue au cours des années 80 un idéal en droit familial, l'égalité définie en termes de garde partagée se traduit donc maintenant en termes de maintien du statut parental du parent non gardien et se fonde sur les liens biologique et juridique qui constituent ici en quelque sorte la quintessence de l'égalité. Marquant maintenant l'égalité juridique entre parents, la garde partagée devient l'expression paradigmatique de ce droit défini biologiquement (Fineman, 1989 : 99). D'autre part, la présomption de garde maternelle symbolise l'inégalité entre les sexes. On attribue ainsi à la garde partagée la capacité d'indiquer ce que le monde devrait être à partir d'illusions à propos de ce qu'il est vraiment (Boyd, 1989 : 832): un monde asexué et fondé sur une idéologie libérale de l'égalité (Fineman, 1989 : 88) correspondant à l'idéal des droits de la personne qui prévaut dans les domaines juridique et politique. Le lien parental est maintenant défini biologiquement, mais on insiste paradoxalement de plus en plus en droit familial sur le caractère volontaire des liens familiaux, occultant ainsi de plus en plus les différences sexuelles (Boyd, 1989 : 123). Car le concept d'égalité mis en avant dans les démocraties libérales implique que les acteurs sociaux sont situés symétriquement (Boyd, 1989 : 112) et libres d'entrer en rapport les uns avec les autres. Cela ne correspond pas, bien entendu, à la réalité des investissements ou des positions sociales (Boyd, 1989 : 831). Car les différences sociales, politiques et économiques entre hommes et femmes, mères et pères, ne sont pas disparues comme par magie avec l'adhésion à cet idéal d'équité et l'établissement de nouvelles mesures juridiques. La garde partagée ne peut être une solution universelle et encore moins une solution à l'inégalité bien réelle entre les sexes en matière de prise en charge des enfants.

> Because of the actual disparity in social positions of men and women and because of the limitations of law as an instrument of social engineering, proposals such as joint custody are unlikely to produce the desired results (Boyd, 1989 : 108).

En fait, la mise en application de mesures favorisant ou imposant la garde partagée contribue plutôt à maintenir l'inégalité entre les sexes. Le paradigme de l'égalité sexuelle, la modification des critères de bon parentage, ainsi que la suppression des attitudes et des comportements typiquement maternels dans les discours juridique et public (Fineman, 1989 : 96) fondent ainsi un glissement majeur autour du concept de la garde partagée.

> While the involuntary joint custody and friendly parent provisions do not contain any overt limitation on the legal status of one parent in comparison with the other, there is a host of practical disadvantages which can be visited upon any woman who does not want to agree to joint custody (Thomas, 1987 : 5).

Or les décisions juridiques et les lois construites sur l'idéalisation de la contribution symétrique des parents dans l'éducation des enfants s'appuient sur des données provenant des sciences sociales. En fait, la plupart des recherches récentes ont le défaut d'idéaliser les notions de parentalité, de divorce (Brophy, 1989 : 235) et d'équité.

> I am arguing that it is theoretically inaccurate and politically ill-advised [...] to attempt to utilize custody law at the point of marriage breakdown as a mechanism to achieve joint or equal child care responsibilities [...] court orders cannot force parents to agree where they do not, and, where they do, court orders are largely unnecessary (Brophy, 1989 : 235).

Et la littérature scientifique ne fonde pas cette mise au rancart de la présomption de garde maternelle qui continue pourtant à être de loin le mode de garde parentale le plus répandu.

Il existe pourtant un discours et un lobby prônant l'imposition de la garde légale partagée dans les cas de divorce, bien que le contexte juridique québécois ne soit pas favorable à cette imposition, moins favorable même que ne l'est le contexte du Canada anglais où le droit coutumier a préséance. En effet, le Code civil du Québec fait état non pas de la garde légale partagée, mais de l'autorité parentale partagée entre le père et la mère, se poursuivant même après un divorce et ne pouvant être enlevée que pour des raisons extrêmement graves et par jugement des tribunaux. La Cour d'appel du Québec a d'ailleurs spécifié en 1988 que la garde légale partagée ne pouvait être octroyée que si elle semblait correspondre au *meilleur intérêt de l'enfant*, que si les deux parents étaient capables de coopérer et que si les arrangements avaient de bonnes chances de réussir (Filion, 1992 : 196)[2]. Cela rend difficile l'établissement d'une présomption de garde partagée au Québec. D'ailleurs, même si la garde partagée est de plus en plus fréquente dans les décisions des tribunaux québécois, seulement 8,4 % des enfants dont la garde a été attribuée par les tribunaux en 1992 sont en garde conjointe au Québec, comparativement à 14,5 % dans l'ensemble du Canada (Statistique Canada, 1994 : 22-25)[3].

Ce glissement terminologique et conceptuel explique la confusion générale concernant la nature de la garde partagée. Il importe de considérer d'un peu plus près cette confusion, car elle recouvre une désarticulation des discours et des pratiques de garde. Le terme « garde partagée » réfère en effet à deux phénomènes distincts : les modalités formelles de garde découlant d'un jugement ou d'une ordonnance de Cour et les modalités informelles de garde physique des enfants après une séparation ou un divorce. À vrai dire, on utilise de plus en plus l'expression « garde partagée » pour désigner la garde légale partagée sans égard à la prise en charge quotidienne de l'enfant. Cette confusion est présente dans les publications scientifiques, les débats et les interventions en matière de garde partagée. En utilisant le terme de « garde partagée » on renvoie ainsi implicitement au partage symétrique du temps de garde parental de l'enfant propre à la garde physique partagée, mais on mesure celle-ci en termes de partage de la garde légale de l'enfant.

En fait, tant les chercheurs, les juristes que les professionnels recourent la plupart du temps à une définition élastique et même ambiguë de la « garde partagée »; celle-ci, par exemple, peut désigner soit des ordonnances de garde légale, soit des pratiques de garde physique négociées entre les parents hors de la Cour. Cela amène à penser qu'il existe une concordance entre ces deux phénomènes pourtant fort différents.

> Joint custody does not in and of itself determine the amount of time a child spends with either parent. Actual living arrangements vary widely [...] ranging from 50/50 time splits to infrequent visitation (Ferreiro, 1990 : 420).

Le Service de médiation familiale de Montréal a utilisé pendant un certain temps l'acception large du terme « garde partagée » pour désigner le partage égalitaire des responsabilités parentales.

> Nous faisons nôtre cette définition américaine parce qu'elle reconnaît le rôle égalitaire des parents quant aux responsabilités et décisions parentales sans nécessairement impliquer une division rigide et stricte [sic] du temps de présence auprès de l'enfant (Filion, 1992 : 193).

Dans une entrevue télévisée, la responsable du Service de médiation familiale de Montréal disait préférer maintenant l'expression « partage des responsabilités parentales » à celle de « garde partagée ».

> En réalité, [le partage du temps de garde de l'enfant entre les deux parents] n'est qu'une clause possible de l'entente de garde conjointe; aucun critère précis n'est déterminé à l'avance [en garde conjointe] à propos de la garde physique ou résidentielle de l'enfant (Fortin, 1985: 18)[4].

On utilise en effet de plus en plus cette notion de « partage des responsabilités parentales » :

> [Il y a garde conjointe] lorsque les parents divorcés se sont dits d'accord pour continuer à agir comme parents et partager la responsabilité des décisions au sujet de l'éducation, de la santé et du bien-être de l'enfant (Fortin, 1985:15).

Certains chercheurs ont même inclus dans leur définition opérationnelle de « garde partagée » la présence des enfants chez un parent pendant deux, trois ou quatre fins de semaine par mois (Cloutier et coll., 1990) : leur définition de « garde partagée » correspond en fait, selon nous, à des droits étendus de visite paternelle. Ce qui importe de retenir pour notre analyse, c'est que, en ayant recours à une définition aussi large, on crée l'illusion d'une division symétrique du temps de garde parentale et des investissements maternel et paternel dans la prise en charge des enfants, ce qui est loin d'être le cas.

Le partage de la prise en charge des enfants en garde physique partagée

Il est donc essentiel d'analyser les pratiques parentales de partage des soins en garde physique partagée en les distinguant des discours, des représentations et des décisions juridiques en matière de garde partagée. L'analyse permettra de mieux saisir la portée et le sens de la garde physique partagée eu égard à la transformation des rapports sociaux de sexes, car le glissement et la confusion conceptuels décrits plus haut permettent la coexistence de deux phénomènes contradictoires liés à ce qu'on pourrait identifier à tort comme une même réalité. En effet, la construction d'un nouveau modèle de garde partagée permet, d'une part, la mise en place de nouveaux modes régulatoires du divorce liés à une gestion consensuelle de celui-ci et au partage de l'autorité parentale. D'autre part, les pratiques de garde instituées par certains parents séparés ou divorcés dans le cadre de la garde physique partagée témoignent de l'apparition de nouvelles configurations dans la prise en charge des soins de l'enfant et sans doute aussi dans la division sexuelle du travail de soins.

Nous nous pencherons dans cette deuxième section sur les pratiques de prise en charge parentale des enfants en garde physique partagée. En premier lieu, il est nécessaire de comprendre la portée de ces pratiques. En fait, la confusion dont il a été question plus haut se retrouve ici. On ne connaît pas en effet la portée statistique de la garde physique partagée tout simplement parce qu'elle n'est pas mesurée. Ainsi, au Canada et en Californie, où un régime de présomption de garde légale partagée a été mis sur pied en 1979, il n'y aurait qu'entre 3 % et 7 % de cas de garde physique partagée après séparation ou divorce. Selon la seule enquête menée sur ce sujet, moins de 6,7 % des couples québécois séparés ou divorcés avaient obtenu de la Cour en 1986 la garde conjointe des enfants, définie ici en termes de « responsabilité parentale partagée » plutôt qu'en termes de « partage de la garde physique » (Pelletier, 1987)[5]; en 1991, 7,8 % des couples québécois avaient obtenu la garde légale conjointe (Statistique Canada, 1994; Benjamin, Irving, 1990)[6]. Aux États-Unis, au Canada et au Québec, le nombre d'ordonnances de garde conjointe a augmenté rapidement. Il est passé de 15,9 % à 67 %, par exemple, dans le comté de Middlesex (Massachusetts) entre 1978 et 1985 (Phear et coll., 1984). Mais dans les cas de garde légale partagée (Maccoby, Depner, Mnookin, 1990), la majorité des enfants résident en fait avec leur mère (Seltzer, 1990 : 253; Weitzman, 1985 : 256)[7]. Par ailleurs, Wolchik, Braver et Sandler ont trouvé, à l'instar d'Ahrons, que seulement 25% des enfants de leur échantillon en garde légale partagée se rendaient régulièrement aux deux domiciles parentaux (Ahrons, 1980; Wolchik, Braver, Sandler, 1985 : 8). Pour moins d'enfants encore, le partage du temps de garde parental était symétrique.

> Cette tendance traduit la réalité sociale selon laquelle les mères assument la majeure partie des responsabilités quotidiennes relatives au soin de leurs enfants après le divorce, comme elles le font pendant le mariage (Canada, Ministère de la Justice, 1993 : 14).

La transformation des discours sur la garde a pour objet, ainsi que nous l'avons dit, d'encourager les pères divorcés ou séparés à être présents auprès de leurs enfants, de mieux distribuer les responsabilités parentales (Conseil de la famille, 1996). Or, malgré tout, rien n'indique que le partage réel de la prise en charge des enfants est plus répandu. Rien ne prouve non plus que la contrainte légale de la garde partagée ou toute mesure d'ingénierie juridico-sociale du même genre aura comme effet d'amener les hommes à prendre en charge le soin de leurs enfants. En fait, aucune recherche n'a encore démontré l'existence de liens entre l'octroi de la garde légale partagée et une plus grande présence des pères auprès de leurs enfants. Par exemple, la Californie a abandonné en 1991 la présomption de garde partagée qu'elle avait adoptée en 1979. Pourquoi? Parce que même si les octrois de garde légale partagée sont maintenant majoritaires et que la garde maternelle a diminué considérablement, il reste que la garde résidentielle maternelle est largement majoritaire. En clair, même si la majorité des parents ont la garde légale partagée de leurs enfants, ceux-ci habitent presque toujours chez leur mère et c'est elle qui prend soin d'eux. Il est peu probable que la tendance change beaucoup dans un avenir rapproché (Canada, Ministère de la Justice, 1993 : 14), car la présence masculine auprès des enfants évoluera dans la mesure où les pères décideront de leur accorder plus de temps.

Nous donnons un peu plus loin quelques résultats d'une recherche conduite auprès de 24 pères et mères ayant vécu conjointement la garde physique partagée où le temps de garde est partagé dans un rapport de 35 % / 65 % sur une base mensuelle. Tous les parents interviewés avaient un travail rémunéré au moment de l'entrevue. Les enfants avaient entre un et dix ans et habitaient la région métropolitaine de Montréal. Dans tous les cas, la garde physique partagée avait été choisie par les deux parents et par les enfants en âge de donner leur avis.

Mentionnons d'entrée de jeu que nous avons trouvé un mode de partage de la garde conçu horizontalement en fonction de deux espaces de vie des parents auxquels les enfants ont accès, mais qui sont inaccessibles aux ex-conjoints. Les parents ne se partagent ainsi que l'éducation de leurs enfants. Les frontières des intimités ainsi créées sont étanches, du moins aussi étanches que les parents le désirent. En ce qui a trait à l'accès aux espaces de chaque parent, seule la localisation est négociable; un déménagement risque ainsi d'amener une rupture de l'entente de garde physique partagée.

La garde physique partagée implique de nouveaux paramètres de partage de la garde parentale. Pour mieux comprendre ce phénomène, considérons la division du temps de garde parentale. En garde physique partagée, il y a un changement de certains repères temporels relatifs aux comportements *de synchronisation* (Langevin, 1987 : 43-44) des familles. On observe en effet que de nouvelles contraintes s'opèrent sur le temps domestique (Langevin, 1987 : 48); celles-ci découlent de l'obligation pour les parents d'être sur le marché du travail et des modes de garde négociés reposant sur deux principes : celui d'un temps domestique limité et celui en vertu duquel la mère ne s'efface pas continuellement derrière le père. Les temporalités des pères et des mères sont donc semblables mais distinctes, articulées autour de ces espaces-temps domestiques cloisonnés et des espaces-temps des enfants maintenant beaucoup plus individualisés. Les enfants ont en effet non seulement un rythme de vie propre déterminé par les institutions qu'ils fréquentent, mais aussi des espaces-temps domestiques et des lieux de vie qui échappent aux regards de la mère et aussi, maintenant, aux regards du père. Les mères sont donc plus détachées des enfants.

Plusieurs questions relatives au temps ont été posées dans les ouvrages portant sur la garde partagée. Celle de la durée et de la durabilité de la garde physique partagée (Frankel,1985) n'a été abordée ici que partiellement. En effet, nous n'avons retenu pour cette étude que des cas de garde physique partagée qui avaient plus d'un an d'existence. La longévité (3,5 ans en moyenne) des cas que nous avons étudiés nous a cependant étonnée; mais elle ne peut d'aucune façon nous donner une indication sur le taux de succès général des gardes physiques partagées et sur la proportion de parents qui tentent l'expérience.

Le système de rotation du temps de présence des enfants au domicile de chaque parent aidera à faire comprendre notre propos. Les horaires de garde des deux parents ont à peu près la même durée : le tour de garde est toujours le même pour le père et la mère. Ce partage symétrique du temps de garde témoigne très certainement d'un plus grand investissement des pères. Il n'entraîne cependant pas nécessairement un partage symétrique des soins ou des responsabilités en regard de l'éducation des enfants. Il y aurait lieu de faire une analyse exhaustive des différents aspects de cette question, mais nous limiterons ici notre analyse à la répartition des tours de garde parentaux. Dans tous les cas retenus pour notre recherche, les horaires comportent une rotation régulière des tours de garde parentaux, ce qui nous a conduit à distinguer deux éléments : les horaires réguliers et les périodes irrégulières de garde parentale. Les horaires réguliers de garde tiennent compte des besoins des parents et des enfants et ils s'accompagnent souvent d'une certaine routine à laquelle on ne peut échapper que moyennant une raison valable et une discussion entre toutes les parties. Les horaires qui en résultent sont habituellement non modifiables; on s'attend à ce qu'ils soient respectés et ils le sont presque toujours.

> Tsé je respecte la semaine. Je voudrais pas que ça... J'essaie de respecter un peu le une semaine elle, une semaine moi.
> 10H p. 8 [codifié]

La seule exception recensée est celle d'un père en mauvaise santé et celle-ci semble créer un certain inconfort chez la mère.

> Disons que Robert y'est plus, y'a plus tendance quand ça va mal, il le prend pas, pis quand ça va bien il le prend. Pas depuis qu'on est sept jours - sept jours là, mais ça fait quatre

> fois qu'y se fait opérer [...] en dedans d'un an, fait que ça fait un moment donné un débalancement dans toute, hein... Pas assez pour qu'on se chicane,là, mais assez pour que moé un moment donné, j'sais pus quand est-ce qu'y va le prendre, quand est-ce qu'y le prendra pas, quand est-ce qu'y va bien filer, pis qu'y filera pas ben, tsé.
> 05F p. 6 [entrevue]

Il y a parfois aussi une certaine flexibilité dans les ententes concernant le partage du temps régulier de garde.

> Comme là, hier, j'ai appris que son père s'en allait en vacances quatre ou cinq jours, au week-end de Dollard des Ormeaux, là, la fête de Dollard, puis ça tombe sur mon week-end avec Étienne, [...] il aimerait bien l'amener en vacances. Alors bon, il n'y a pas de problème, je sais qu'il va l'amener cette fin de semaine-là [...] mais je vais récupérer Étienne plus longtemps la semaine d'après, puis c'est tout.
> 10F p. 5 [entrevue]

Les formules de division des horaires réguliers de garde ont été choisies par méthode d'essai et d'erreur. Les parents ont par conséquent tenu compte de leurs besoins et de leurs contraintes, ainsi que de ceux des enfants. Les horaires sont donc adaptés à l'âge des enfants :

> Pour pas que Pélagie se sente perdue, pis qu'elle voit plus sa mère pendant une semaine, qu'elle voit plus son père, qu'elle comprenne rien! Elle a juste deux ans.
> 09F p. 6 [codifié]

Ils sont également adaptés à leurs désirs :

> [C'est maintenant] une semaine avec moi, pis une semaine avec sa mère... C'est Pierre-Yves qui a demandé ça. Avant c'était [...] une journée avec sa mère, une journée avec son père. À un moment donné, y voulait rester plus longtemps...05H p. 5 [codifié]

Aux préférences des parents :

> Personne ne pouvait s'en passer pour plus d'une journée, bon pis on se l'échangeait à tous les jours.
> 05H p. 5 [codifié]

Les horaires réguliers tiennent compte des contraintes extérieures, par exemple le suivi scolaire des enfants :

> [...] C'était un côté pratique, puis je trouvais que pour les devoirs [...] pour avoir un peu de feedback de ce qui se passait la semaine où on était avec, c'était mieux de l'avoir la semaine suivante [...].
> 10F p. 5 [codifié]

Ils tiennent compte aussi des obligations professionnelles des parents :

> Pis aussi [on s'adapte aux] obligations professionnelles, comme Martine elle [devait travailler longtemps le soir], pis on a dû garder Stéphane sur une période de six-sept semaines.
> 04H p. 7 [codifié]

Les horaires de garde réguliers sont modelés sur les rythmes extérieurs; ils prennent donc en compte les besoins de tous, comme celui de respecter les heures de travail ou d'études. Plusieurs formules permettent d'aménager le temps régulier de garde des ex-conjoints. Toutes ont tendance à se stabiliser à la longue. Trois formules de partage du temps de garde parentale ont été relevées : l'alternance multiple, l'alternance hebdomadaire et l'alternance bihebdomadaire. Les changements de tour de garde se font habituellement à l'école ou à la garderie, le vendredi soir ou le lundi soir. Dans la formule de l'alternance multiple, d'autres moments de changement de garde s'ajoutent au cours de la semaine; le changement se fait habituellement à l'école ou à la garderie. Les horaires réguliers de garde suivis de septembre à juin inclusivement sont partagés également entre le père et la mère. Signalons ici que nous ne savons pas quelle est l'utilisation respective que font les parents de leur temps régulier de garde et qu'il serait important de recueillir des données à ce sujet. C'est cette rotation des tours de garde parentale de même durée sans égard au sexe du parent qui fonde la représentation de symétrie propre à la garde physique partagée. En effet, le temps régulier de garde en garde physique partagée n'est pas un temps dépensé sans compter, puisqu'il est régi par des grilles horaires formellement négociées par les ex-conjoints et rigoureusement symétriques. Il n'est pas rémunéré, mais il est comptabilisé. On retrouve cependant une certaine hiérarchie des temporalités en dehors des conditions prescrites au contrat coparental de partage du temps régulier de garde : ainsi la maladie d'un père amène celui-ci à présumer que son ex-conjointe le remplacera sans qu'il n'ait à négocier pour ce faire une nouvelle entente. La mère peut avoir de la réticence à remplacer le père, mais elle fait face à une situation exceptionnelle. C'est justement dans le cadre des situations exceptionnelles ou exogènes aux rotations régulières que la hiérarchie sexuelle des temporalités semble réapparaître.

C'est ainsi que nous avons relevé des asymétries assez marquées dans la répartition des périodes irrégulières de garde. Toutes les mères sont en effet les gestionnaires par excellence des périodes irrégulières de garde de leur enfant. La division de ces périodes irrégulières de garde (congés pédagogiques, urgences, fêtes de Noël et du Nouvel An et vacances estivales) est complexe et variable. L'ex-conjoint ou l'ex-conjointe demeure dans la moitié des cas la principale ressource en cas d'urgence ou de congé pédagogique. Très occasionnellement, un horaire régulier est établi en prévision des vacances d'été de l'enfant. Le temps des vacances est celui qui est partagé le plus asymétriquement : ce sont les mères qui en assument le plus souvent la charge. En fait, elles prennent en charge la gestion des vacances de l'enfant de même que tout dépannage. Sauf exception, elles font passer les vacances de leur enfant avant les leurs, ce qui ne semble pas être le cas des pères. De plus, les vacances de presque toutes les mères sont plus passées avec l'enfant que celles des pères. Cependant, il reste que les mères en garde physique partagée sont plus libres que les autres mères, car plusieurs d'entre elles prennent aussi des vacances sans enfant. Soulignons que la majorité des pères prennent néanmoins des vacances avec leur enfant et souvent seuls avec celui-ci.

Nous avons aussi relevé plusieurs cas où, par insouciance ou par indifférence, le père ne prévoit pas de vacances estivales pour l'enfant. Les mères prennent alors la relève dans tous les cas, bon gré mal gré, et organisent les vacances de l'enfant, quelle que soit leur situation objective (c'est le cas, par exemple, d'une mère qui n'a pas de congé estival). Quant aux pères, ils peuvent adopter diverses attitudes : ignorance des soins à fournir à l'enfant, indifférence à l'égard de la prise en charge ou abandon tacite de celle-ci à l'ex-conjointe. Dans tous ces cas, la conséquence est la même : les mères veillent à assurer la garde de l'enfant et la majorité des pères le prennent en charge selon des horaires réguliers. Mais il y a évidemment des exceptions. Nous avons en effet relevé des cas où la prise en charge par le père du temps irrégulier de garde avait augmenté.

Conclusion

La distribution symétrique du temps régulier de garde parentale fonde les représentations de la garde physique partagée et de la garde partagée en général. Dans le cas des parents recrutés pour notre recherche et qui étaient, rappelons-le, choisis suivant des critères, tels qu'un partage du temps régulier de garde se situant entre 35 % et 65 %, cette symétrie est à la fois réelle et limitée. Ainsi que les commentaires de certaines mères en entrevue semblent le suggérer, les horaires réguliers avantagent les mères puisqu'ils obligent leur ex-conjoint à ne plus se fier sur elles. Les horaires réguliers, pendant une période étendue, empêchent les pères de faire appel aux mères, sauf en cas d'urgence. Celles-ci n'ont plus en contrepartie de droit de regard sur ce que fait le père avec l'enfant. Les pères respectent généralement les horaires réguliers de garde et cela a pour effet de libérer les mères. Mais il faut souligner que toutes les exceptions à cette règle comportent la responsabilité implicite pour les mères de suppléer leur ex-conjoint. Nous avons donc retrouvé ici des changements importants dans la prise en charge sexuée des enfants : les mères sont formellement et en pratique libérées de la moitié du temps régulier de garde; elles ont régulièrement des périodes où elles n'ont plus la charge de l'enfant. Ainsi, toutes les mères prennent des vacances estivales sans enfant, et la plupart des mères ont d'autres occupations pendant le tour de garde de leur ex-conjoint. Cependant, l'utilisation du tour de garde parentale eu égard aux tâches éducatives à accomplir et aux soins à donner n'a pas été examinée ici et elle révélerait très certainement que certaines assignations sexuelles se perpétuent.

Dans les cas que nous avons étudiés, les pères s'éloignent de leur assignation sexuelle en prenant soin de l'enfant, et les mères de la leur en se délestant périodiquement de la charge quotidienne de cet enfant. On ne peut conclure cependant que ce phénomène est sexuellement neutre puisque malgré la tendance à une distribution symétrie du partage du temps régulier de garde, la direction (et non le sens) des changements observés chez les pères et chez les mères est évidemment contraire. Pour les pères interviewés, il s'agit de se rapprocher de leur enfant et pour les mères de s'en séparer. Le rapport des pères et des mères à la garde physique partagée est toujours sexué. Les pères en garde physique partagée voient en effet s'ouvrir devant eux en quelque sorte un monde qui leur était jusque-là interdit et ils le découvrent souvent avec émerveillement. Il y aurait apparition chez eux d'une nouvelle représentation de la famille-refuge (Ehrensaft, 1990 : 141). Mais, pour les mères en garde physique partagée, le mouvement est contraire : l'emploi serait plutôt le refuge des responsabilités domestiques.

Enfin, il importe de rappeler que la garde physique partagée est loin d'être la norme. En effet l'accès au marché du travail des mères se fait généralement grâce à « *l'appui d'autres femmes situées dans des positions sociales et générationnelles différentes* » (Bertaux-Wiame, 1987 : 67) plutôt que grâce à celui de l'ex-conjoint, comme c'est le cas en garde physique partagée. « *La régulation et la répartition des temporalités et des personnes* » (Bertaux-Wiame, 1987 : 68) qui est le propre de la gestion familiale s'effectue habituellement selon une assignation sexuelle plutôt qu'à partir d'un cadre conçu horizontalement et négocié par les ex-conjoints. Ce constat est central à l'analyse de la portée sociale du phénomène de la garde partagée. En effet, la prévalence de représentations d'équité fondées sur une fausse compréhension et sur une mystification de la garde partagée touche la majorité des mères et risque de leur apporter de nouvelles contraintes. Rien n'indique en effet que les nouveaux discours et les mesures encourageant la garde partagée, qu'on doit distinguer, rappelons-le, des expériences de garde physique partagée, amèneront les pères à modifier leur prise en charge ou leur responsabilité sociale à l'égard des enfants. Ils contribuent par contre à maintenir, d'une part, l'autorité paternelle après la séparation ou le divorce et, d'autre part, l'illusion qu'il y a partage véritable. Cela a pour effet de rendre invisibles et illégitimes les soins qui sont encore aujourd'hui pris en charge dans la majorité des cas par les mères. Aussi, plusieurs d'entre elles ne seront pas tentées de considérer la garde partagée comme nécessairement équitable.

Notes

1. Je m'inspire ici de Richard Neely qui décrivait une situation similaire en rapport avec le divorce : on souhaite que les femmes aient des revenus égaux, on conclut donc sans plus qu'elles les ont, et on leur impose par la suite le soin des enfants sans tenir compte de leurs ressources économiques.
2. Cour d'appel du Québec, Droit de la famille - 301 (1988) RTQ, 17 (C.A.), cité par Lorraine Filion, 1992.
3. Le nombre d'enfants par couple ne peut à lui seul expliquer cet écart. Le terme *garde conjointe* est celui qui est utilisé par les greffes provinciaux et par Statistique Canada. Il correspond, rappelons-le, à la *garde partagée*.
4. Denise Fortin considère que la correspondance entre la garde conjointe et la garde physique partagée est une fausse représentation créée par les médias.
5. Enquête menée pour le compte du ministère de la Justice du Québec, à partir d'un échantillonnage de couples ayant déposé une requête de séparation de corps (ou d'union de fait) ou une requête de divorce, entre 1981 et 1988. On y souligne que 6,7 % des couples ont obtenu la garde partagée (celle-ci n'est pas définie). Il s'agit de la seule recherche dont dispose actuellement le Ministère qui aborde tant soit peu la question de la garde partagée.
6. Ce sont les dernières données disponibles sur le sujet. Le terme *garde conjointe* (qui n'est pas défini) est celui retenu par Statistique Canada et par le Bureau d'enregistrement des actions en divorce (BEAD); celui-ci centralise les données fournies par les greffes provinciaux, et les lui communique. Les données de Statistique Canada sur la garde (et sur la garde conjointe) sont donc élaborées par cette entremise. Elles renvoient uniquement à l'octroi de la garde par la Cour et non pas aux pratiques de garde physique des enfants. Selon Benjamin et Irving, le fait que la garde physique partagée ne soit pas reconnue légalement au Canada rend difficile d'en connaître l'incidence réelle.
7. Certains chercheurs ont constaté que les mères en garde légale conjointe assumaient la garde physique de leur enfant dans plus de 70 % des cas, une proportion se rapprochant de celles qui avaient la garde légale exclusive. Les cas de recours aux tribunaux pour faire respecter l'aspect financier de l'entente étaient plus nombreux dans la cohorte de garde conjointe que dans celle de garde exclusive.

Bibliographie

Ahrons, Constance R. (1980), "Joint Custody Arrangements in the Postdivorce Family", *Journal of Divorce*, 3, 3, p. 189-205.

Barnett, Rosalind C., et Grace K. Baruch (1987), "Mothers' Participation in Childcare : Patterns and Consequences", dans Crosby, F., (dir.), *Spouse, Parent, Worker : On Gender and Multiple Roles*, New Haven, Yale University Press, p. 91-108.

Benjamin, Michael, et Howard H. Irving (1990), "Comparison of The Experience of Satisfied and Dissatisfied", *Journal of Divorce & Remarriage*, 14, 1, p. 43-61.

Bertaux-Wiame, Isabelle (1987), «La temporalité particulière de l'espace familial», dans Bawin-Legros, Bernadette, (dir.), *La Dynamique familiale et les constructions sociales du temps*, Liège, Université de Liège, p. 57-70.

Boyd, Susan B. (1990), "Potentialities and Perils of the Primary Caregiver Presumption", *Canadian Family Law Quarterly*, 7, 1, p. 1-30.

Boyd, Susan B. (1989), "Child Custody Law and the Invisibility of Women's Work", *Queen's Quarterly*, 96, 4, p. 831-853.

Boyd, Susan B. (1989), "Child Custody, Ideologies, and Employment", *Canadian Journal Women and Law*, 3, p. 111-133.

Bronstein, Phyllis (1988), "Marital and Parenting Roles", dans Bronstein, Phyllis, Pope, Cowan, Pope, Caroline (dir.), *Fatherhood Today : Men's Changing Roles in the Family*, New York, John Wiley & Sons.

Brophy, Julia (1989), "Custody Law, Child Care, and Inequality in Britain", dans SMART, Carol, Sevenhuijsen, Selma (dir.), *Child Custody and the Politics of Gender*, London, Routhledge, p. 217-241.

Cloutier, Richard, Louise Carreau et Jacques Drolet (1990), *La garde de l'enfant après la séparation des parents*, Québec, Université Laval, Centre de recherche sur les services communautaires.

Coltrane, Scott et N. Hickman (1992), "The Rhetoric of Rights and Needs : Moral Discourse in the Reform of Child Custody and Child Support Laws", *Social Problems*, 39, 4, p. 400-420.

Conseil de la famille (1996), *La Famille... composée autrement*, Québec, Conseil de la famille.

Delorey, Anne-Marie (1989), "Court Imposed Joint Custody : A Reversion to Patriarchal Power", *Journal of Women and the Law*, 3, 33, p. 33-43.

Ehrensaft, Diane (1990), *Parenting Together: Men and Women Sharing the Care of Their Children*, Urbana and Chicago, University of Illinois Press.

Ferreiro, Beverly W. (1990), "Presumption of Joint Custody: A Family Policy Dilemma", *Family Relations*, 39, p. 420-426.

Filion, Lorraine (1992), «Garde partagée et médiation : au-delà des attitudes et des visions qui modèlent nos interventions», dans Laurent-Boyer, Lisette, *La Médiation familiale*, Cowansville, Yvon Blais.

Fineman, Martha L. (1989), "Custody Determination at Divorce : The Limits of Social Science Research and the Fallacy of the Liberal Ideology of Equality", *Canadian Journal Women and Law*, 3, p. 88-110.

Fineman, Martha L. (1989), "The Politics of Custody and Gender : Child Advocacy and the Transformation of Custody Decision Making in the USA", dans SMART, Carol, Sevenhuijsen, Selma, (dir.), *Child Custody and the Politics of Gender*, London, Routhledge.

Fortin, Denise (1985), *L'entente de garde conjointe suite aux interventions du Service de médiation à la famille de Montréal*, (Mémoire de maîtrise), Montréal, Université de Montréal, École de Service social.

Frankel, Steven A. (1985), "Joint Custody Awards and Children: A Theoretical Framework and Some Practical Considerations", *Psychiatry*, 48, p. 318-328.

Garigue, Philippe (1962), *La vie famiale des Canadiens français*, Montréal, Presses de l'Université de Montréal.

Gouvernement du Canada, Cour Suprême du Canada (1993), *Young c. Young*, Appel entendu les 25 et 26 janvier 1993, Ottawa, Cour suprême du Canada.

Gouvernement du Canada, Ministère de la Justice (1993), *Document de travail public sur la garde d'enfants et le droit d'accès*, Ottawa, Ministère des Approvisionnements et Services.

Gouvernement du Québec (1995), *Code civil du Québec*, Montréal, Wilson Lafleur.

Gouvernement du Québec (1989), *Charte des droits et libertés de la personne*, Montréal, Alter Ego.

Guberman, Nancy, Pierre Maheu et Chantal Maillé (1993), *Travail et soins aux proches dépendants*, Montréal, Remue-Ménage.

Langevin, Annette (1987), «La synchronisation des temps sociaux : des dynamiques et des familles», dans Bawin-Legros, Bernadette, (dir.), *La dynamique familiale et les constructions sociales du temps*, Liège, Université de Liège, p. 43-55.

Le Bourdais, Céline, P.J. Hamel et P. Bernard (1987), «Le travail et l'ouvrage. Charge et partage des tâches domestiques chez les couples québécois», *Sociologie et Sociétés*, XIX, 1, p. 37-55.

Maccoby, Eleanor E., Charlene E. Depner et Robert H. Mnookin (1990), "Coparenting In the Second Year After Divorce", *Journal of Marriage and the Family*, 52, p. 141-155.

Marshall, Katherine (1993), *Les parents occupés et le partage des travaux domestiques*, *Perspectives*, Statistique Canada, Cat. 75-001F, p. 25-33.

Mayrand, Albert (1988), «La garde conjointe, rééquilibrage de l'autorité parentale», *La Revue du Barreau canadien*, 67, 2, p. 193-228.

Mayrand, Albert (1983), "The Influence of Spousal Conduct on the Custody of Children", dans Abella, Rosalie, L'Heureux-Dubé, Claire, (dir.), *Family Law: Dimensions of Justice*, Toronto, Butterworth.

Neely, Richard (1986), "Barter in the Court - The Hidden Cost of Divorce", *New Republic*, February 10, p. 13-15.

Pelletier, Sylvie (1987), *Pensions alimentaires, 1981 à 1986 - Attribution et perception*, Québec, Ministère de la Justice, Direction des Communications.

Phear, W.P.C., J.C. Beck, S.C. Clark et R.A. Whitney, R.A. (1984), "An Empirical Study of Custody Agreements : Joint Versus Sole Legal Custody", dans

Folberg, Jay H., (dir.), *Joint Custody and Shared Parenting*, Washington, Association of Family and Conciliation Courts, p. 142-156.

Pitrou, Agnès (1987), «Réflexions en fin de Colloque», dans Bawin-Legros, Bernadette, (dir.), *La Dynamique familiale et les constructions sociales du temps*, Liège, Université de Liège, p. 293-299.

Saunder, Daniel G. (1994), "Child Custody Decisions in Families Experiencing Woman Abuse", *Social Work*, 39, 1, p. 56.

Seltzer, Judith A. (1990), "Legal and Physical Custody Arrangements in Recent Divorces", *Social Science Quarterly*, 71, 2, p. 253.

Smart, Carol et Selma, Sevenhuijen (dir.) (1989), *Child Custody and the Politics of Gender*, London, Routledge.

Sondage Gallup, 1986.

Statistique Canada (1994), *Divorces, 1991*, Catalogue N° 84-213, Ottawa, Ministre de la l'Industrie, des Sciences et de la Technologie.

Steinman, Susan B. (1985), *A Study of Parents Who Sought Joint Custody Following Divorce*, Appendices to the National Association of Women and the Law Brief on Bill C-47 (Joint Custody, Child Support, Maintenance Enforcement and Related Issues).

Thomas, Robert (1987), *Joint Custody: "What Could Be Fairer?"*, (Document inédit), Ottawa, Université de Carleton.

Weitxman, Lenore (1985), *The Divorce Revolution : The Unexpected Social and Economic Consequences for Women and Children in America*, New York, The Free Press.

Wolchik, Sharlene A., Sanford L. Braver et Irwin N. Sandler (1985), "Maternal Versus Joint Custody : Children's Postseparation Experiences and Adjustment", *Journal of Clinical Child Psychology*, 14, 1, p. 5-10.

Yogman, Michael, James Cooley et Daniel Kindlon (1988), "Fathers, Infants and Toddlers, a Developing Relationship", dans Bronstein, Phyllis, Pope, Cowan, Pope, Carolyn, (dir.), *Fatherhood Today : Men's Changing Roles in the Family*, New York, John Wiley & Sons, p. 53-65.

3

Les ruptures d'union dans les familles recomposées : l'expérience des Canadiennes[1]

HÉLÈNE DESROSIERS, Institut de la statitstique du Québec[2]
CÉLINE LE BOURDAIS, Institut national de la recherche scientifique
BENOÎT LAPLANTE, Institut national de la recherche scientifique

Introduction

Les changements matrimoniaux observés dans l'ensemble des pays occidentaux industrialisés, au cours des deux dernières décennies, ont eu pour effet de transformer radicalement la vie familiale. Au Canada, la montée de la divortialité, commencée à la suite de l'entrée en vigueur de la loi sur le divorce en 1968, l'augmentation des remises en union qui a suivi, et la progression des unions libres ont contribué à accroître la mobilité familiale des individus. Un nombre croissant de parents et d'enfants connaissent plus d'un cadre familial au cours de leur vie. À la famille nucléaire d'origine pourront ainsi succéder un ou plusieurs épisodes, de durée variable, de vie dans une famille recomposée, c'est-à-dire dans une unité familiale où au moins un enfant habite avec un parent biologique et un beau-parent. Ainsi, plus d'une Canadienne sur six vivra à un moment ou l'autre de sa vie en famille recomposée si les tendances observées dans le cadre de l'Enquête sur la famille et les amis de 1990 se maintiennent (Desrosiers et coll., 1994). L'étude de cette « nouvelle » forme d'organisation familiale revêt donc un intérêt certain.

Étant donné le caractère relativement récent du phénomène des familles recomposées et du peu de données accessibles qui en permettraient l'analyse, on connaît assez peu les facteurs liés à la dynamique de formation et d'évolution de ce type de famille, pourtant en essor marqué (pour les États-Unis, voir Glick, 1989 et Moorman et Hernandez, 1989 ; pour la France, voir Desplanques, 1993 ; pour le Canada, voir Desrosiers et Le Bourdais, 1992). Les quelques études, américaines pour la plupart, qui ont traité du phénomène des familles recomposées en s'aidant de larges échantillons ont envisagé le sujet principalement sous l'angle des remariages et de l'après-divorce. Bien qu'intéressantes, ces recherches sont d'une utilité relativement limitée pour l'étude des familles recomposées au Canada. En premier lieu, elles incluent dans la même analyse des situations fort différentes, c'est-à-dire des couples sans enfant où l'un des partenaires ou les deux en sont à leur deuxième union légale, et des couples remariés ayant eu des enfants antérieurement. Pourtant, les recherches qui les ont précédées ont fait ressortir les difficultés d'ajustement rencontrées par les familles comptant au moins un enfant non issu de l'union des conjoints (Booth et Edwards, 1992 ; Cherlin, 1978 ; Wineberg, 1992), et elles ont, du même souffle, souligné la nécessité de les étudier de façon séparée. En second lieu, ces recherches omettent de prendre en compte les formes plus anciennes de famille recomposée, constituées à la suite du décès d'un des conjoints ou à la suite d'une maternité hors union. Enfin, la majorité d'entre elles ne tiennent pas compte des unités familiales qui se reforment dans le cadre d'unions libres ; vu l'augmentation du nombre des unions consensuelles au Canada (Burch et Madan, 1986 ; Desrosiers et Le Bourdais, 1993), on ne saurait les exclure de l'analyse sans escamoter tout un ensemble de familles.

  Nous avons donc choisi d'envisager les ruptures d'union dans les familles recomposées sous l'angle de la cellule familiale plutôt que sous celui des remariages. En nous appuyant sur les données de l'Enquête sur la famille et les amis (cycle 5), réalisée par Statistique Canada en 1990, nous chercherons à cerner les facteurs sociodémographiques associés à l'instabilité conjugale dans ce type de famille. Nous aurons, pour cela, recours à la méthode de l'analyse des transitions (*event history analysis*) qui permet d'évaluer les effets de différentes caractéristiques des individus sur la durée de leurs épisodes de vie en famille recomposée. Pour les raisons mentionnées plus loin, l'analyse porte uniquement sur l'expérience familiale des femmes.

Familles recomposées et instabilité conjugale : bref survol des recherches

  Un certain nombre de travaux récents, réalisés à partir de données d'enquêtes, révèlent la progression et la diversification croissante des expériences de recomposition familiale au Canada. À l'instar des familles nucléaires d'origine, les familles comptant un beau-parent seraient de plus en plus fragiles. Ainsi, il est à prévoir que près d'un couple sur cinq se sera séparé cinq ans après avoir formé une famille recomposée, si toutefois les tendances observées en 1990 se maintiennent ;

en 1984, le pourcentage atteignait 13 % (Desrosiers et coll., 1994). Ces résultats laissent supposer qu'un nombre croissant de parents et d'enfants pourraient être appelés à connaître plusieurs formes d'organisation familiale au cours de leur vie.

Malgré les enjeux multiples (sociaux, juridiques) qu'elles créent pour la société, les familles recomposées n'ont fait, jusqu'à tout récemment, l'objet que d'un petit nombre d'études sociodémographiques en dehors des États-Unis[3]. Les années 1980 ont surtout été marquées par une multiplication des recherches dans le domaine de la psychosociologie de la famille. Plusieurs d'entre elles ont analysé les effets des recompositions familiales sur l'ajustement social et la satisfaction conjugale des individus, mais elles n'ont étudié que par la bande les conditions favorisant la rupture de l'unité familiale. La plupart de ces travaux fournissent néanmoins certaines pistes intéressantes de recherche pour l'analyse de la dynamique des recompositions familiales dans le contexte canadien.

La fragilité plus grande des seconds mariages par rapport aux premiers mariages a été documentée dans les publications passées et plusieurs hypothèses ont été avancées pour rendre compte de l'écart observé (voir Martin et Bumpass, 1989). Il est généralement admis que la présence d'un ou plusieurs enfants issus d'une union antérieure contribue à accroître l'instabilité des couples remariés (Cherlin, 1978 ; Glick, 1989 ; Wineberg, 1992). La présence de ces enfants serait susceptible de causer des tensions tant chez le parent biologique que chez le beau-parent et constituerait un élément perturbateur pour la nouvelle union (Ambert, 1986 ; White et Booth, 1985). Le fait que la majorité des individus qui se trouvent en famille recomposée aient déjà une histoire familiale pourrait favoriser l'éclosion de conflits (Visher et Visher, 1990), et ce particulièrement en l'absence de modèles institutionnalisés permettant de baliser les modes de fonctionnement dans ce type de famille (Cherlin, 1978).

Certaines études suggèrent néanmoins que le type de relations qui s'établit entre les membres d'une famille recomposée dépend de l'âge des enfants. Wineberg (1992) conclut, par exemple, à une absence de lien entre la présence d'enfants d'âge préscolaire au moment du remariage et la stabilité conjugale. À l'inverse, d'autres auteurs observent qu'à l'approche de l'adolescence les relations avec le beau-parent peuvent devenir plus difficiles (pour une revue, voir Granger et coll., 1990) et ainsi affecter l'organisation familiale.

Le sexe du parent gardien représente sans contredit un facteur clé dans l'étude de la durée de vie des familles recomposées. Selon divers auteurs (Ferri, 1993 ; Furstenberg, 1976 ; Teachman, 1986), les familles recomposées matricentriques seraient moins stables que celles formées par un père gardien et sa nouvelle conjointe, c'est-à-dire les familles recomposées par l'addition d'une belle-mère. La présence traditionnellement moins forte des hommes auprès des enfants expliquerait, en partie, cette situation (Ferri, 1993 ; Visher et Visher, 1978). Même si on constate généralement que le rôle de beau-père pose moins de difficultés que celui de belle-mère (Ambert, 1986), les femmes seraient plus prêtes que les hommes à faire des compromis pour le bénéfice des enfants de leurs conjoints (Pasley et Ihinger-Tallman, 1987).

Le degré de complexité de la famille recomposée influerait également sur la solidité des liens qui se nouent entre les conjoints. Certains auteurs, tels White et Booth (1985) et Clingempeel et Brand (1985), distinguent les familles recomposées simples (familles recomposées uniquement avec les enfants du père ou de la mère) des familles recomposées complexes (avec les enfants naturels de chacun des conjoints) et concluent que ces dernières sont plus susceptibles de connaître des difficultés de fonctionnement conduisant éventuellement à une rupture. Du fait de la complexité du réseau familial, les personnes vivant dans ce type de famille auraient moins de temps à consacrer à leur relation de couple et seraient davantage exposées à vivre des conflits avec leurs ex-conjoints ou avec les enfants de leur partenaire (Schultz et coll., 1991).

On constate généralement que, à l'opposé, la naissance d'un enfant à l'intérieur d'une famille recomposée contribue à accroître la stabilité conjugale (Wineberg, 1992). L'arrivée d'un enfant renforcerait l'unité familiale en légitimant le rôle de celui ou celle qui était jusqu'alors un beau-parent (Ambert, 1986 ; Roberts et Price, 1987). Teachman (1986) observe cependant que le risque de rupture de l'union serait davantage lié à la présence d'enfants issus d'une union antérieure de l'un ou l'autre conjoint qu'à la naissance d'un enfant du nouveau couple.

Le niveau de scolarité atteint, l'âge au remariage ou l'année du remariage apparaissent également dans les publications consultées comme des facteurs associés à la durée des seconds mariages. Certains chercheurs ont ainsi trouvé un rapport inverse entre le risque de rupture des remariages et la scolarité ou l'âge au remariage (Martin et Bumpass, 1989). Par ailleurs, les résultats d'autres études laissent croire que les seconds mariages formés après les années 1960 seraient plus que les autres exposés à prendre fin rapidement (Teachman, 1986 ; Wineberg, 1992). L'analyse qui suit tente de mesurer les effets de ces divers facteurs sur la durée de la famille recomposée.

Source de données et méthodologie

Présentation des données

Notre analyse repose sur les données rétrospectives de l'Enquête sociale générale sur la famille et les amis, cycle 5, réalisée en 1990 par Statistique Canada. Comme son titre l'indique, cette enquête est principalement axée sur la famille et les amis des répondants et sur les liens qui les unissent. Près de 13 500 personnes, âgées de 15 ans ou plus en 1990, ont été interviewées.

L'Enquête sur la famille et les amis s'est intéressée à l'histoire matrimoniale et parentale des répondants. On dispose de données rétrospectives sur deux types d'union : les mariages et les unions libres. Pour chacune des unions vécues par les répondants, on connaît l'âge au début et à la fin de l'union, s'il y a lieu ; on connaît également le motif de la rupture (séparation, divorce, décès du conjoint), le cas échéant. Pour les unions libres ayant abouti à un mariage, on dispose aussi de l'âge auquel a eu lieu l'événement. L'enquête a également recueilli des données sur les enfants – naturels, adoptés, d'un autre lit[4] – élevés par les répondants. Pour chacun des enfants, on dispose de l'âge du répondant à la naissance de l'enfant[5] ainsi qu'au moment de son départ définitif du foyer parental, s'il y a lieu. Cet ensemble de données rétrospectives permet de reconstituer les épisodes vécus en famille recomposée par les répondants. Pour chaque répondant, on connaît ainsi le nombre d'épisodes passés dans ce type de famille, les modalités d'entrée dans chacun d'entre eux, leur durée ainsi que leur terme[6].

Notre étude est basée uniquement sur l'histoire matrimoniale et parentale des répondantes. Le choix de ne retenir que les femmes tient principalement au fait que la grande majorité des familles faisant l'objet de l'étude sont recomposées autour de la mère. Cela se conçoit aisément puisque, depuis les années 70, la garde est confiée à la mère dans environ huit cas sur dix à la suite d'une séparation ou d'un divorce (Richardson, 1987). Les répondantes âgées de plus de 65 ans ont, par ailleurs, été exclues de l'analyse afin d'éviter les biais dûs, entre autres, aux troubles de mémoire ou aux problèmes de sélectivité résultant de la mortalité différentielle.

Seuls les premiers épisodes de vie en famille recomposée, qui représentent la grande majorité (environ 90 %) des expériences vécues dans ce type de famille, ont été retenus. Cette façon de procéder, qui distingue les événements selon le rang, est la plus répandue dans les études portant sur les unions. Elle repose sur l'idée que l'expérience passée a vraisemblablement un effet sur les comportements subséquents ; dans cette optique, il est permis de supposer que le processus lié à une première phase de recomposition familiale est différent de celui qui est lié aux phases vécues ultérieurement.

Par famille recomposée, nous entendons tout ménage à l'intérieur duquel au moins un des partenaires – mariés ou en union libre – est le beau-parent d'un des enfants présents. Chaque unité familiale peut ainsi grouper les enfants nés en dehors de cette union de l'un ou de l'autre conjoint, ou des deux conjoints à la fois. En outre, chacun des conjoints peut avoir recomposé la famille sans avoir connu d'union auparavant, à la suite d'une rupture d'union (libre ou légale) ou du décès du conjoint[7].

Englobant tous les modes de formation d'une unité résidentielle dans laquelle au moins un des enfants vit avec un parent naturel et un beau-parent, la définition adoptée est donc beaucoup plus large que celle qui est utilisée dans les études portant sur l'après-divorce. Elle permet de prendre en compte la multiplicité des parcours qui mènent à la vie dans une famille recomposée. Se fondant sur la notion de résidence de l'enfant avec le parent gardien et son conjoint, notre définition n'implique cependant pas la description de l'ensemble du réseau de relations lié au foyer recomposé, tel que celui en situation de garde partagée. L'enquête ne fournit, en effet, aucune information sur les ex-conjoints des répondantes et elle dérobe ainsi à l'examen un des pans de la vie des familles recomposées, à savoir l'« autre maison » que les enfants peuvent visiter plus ou moins régulièrement.

Soulignons, par ailleurs, qu'un épisode de vie de la nouvelle famille peut prendre fin de deux façons : soit par le départ du dernier enfant non issu du couple, soit par la rupture, volontaire ou non, de l'union. Dans le premier cas, la famille pourra soit être associée par analogie à une famille biparentale « intacte », soit se transformer en couple sans enfant. Dans le second, l'unité de résidence pourra revêtir différentes formes selon les arrangements pris en matière de garde des enfants et la présence ou non d'un nouveau conjoint.

Enfin, un des buts de l'analyse étant de mesurer l'effet de l'arrivée d'un enfant issu du couple sur la stabilité conjugale (Wineberg, 1992), l'étude ne retient que les femmes ayant vécu une phase de recomposition familiale avant l'âge de 40 ans (n = 481)[8].

Portrait des premiers épisodes en famille recomposée

Le tableau 1 présente un portrait descriptif des premiers épisodes de recomposition familiale vécus par les femmes, en fonction des diverses variables retenues dans l'analyse. Certaines variables définissent le noyau familial au début de l'épisode considéré ; tel est le cas, par exemple, du groupe d'âge des répondantes à l'entrée dans la famille recomposée, du type de famille (famille comptant une belle-mère, un beau-père ou deux beaux-parents) ou du groupe d'âge des enfants présents au moment de la formation du foyer recomposé. D'autres variables se rattachent à des caractéristiques susceptibles de varier au cours de la période d'observation : la naissance ou l'adoption d'un enfant, la période socio-historique pendant laquelle a été vécu l'épisode ou le type d'union contracté figurent parmi ces caractéristiques. Enfin, comme nous n'avions aucune donnée sur le revenu, la dernière année d'études terminée au moment de l'enquête a servi d'indicateur socio-économique[9].

Le tableau 1 montre que, dans l'ensemble, près d'une femme sur deux a connu sa première expérience de recomposition familiale dans les années 80. Six répondantes sur dix vivaient avec leur conjoint sans être mariées au moment de la formation du foyer, et de ce nombre, la moitié environ ont épousé leur conjoint de fait. Les répondantes étaient en moyenne âgées de 26,7 ans lorsqu'elles ont connu cette première expérience de vie familiale, et la moyenne d'âge des plus jeunes enfants présents était de 5,0 ans. Enfin, une proportion relativement élevée de répondantes (près d'une sur deux) ont eu un enfant avec leur partenaire au cours de l'épisode familial considéré.

La structure des familles recomposées présentée au tableau 1 reflète largement les arrangements adoptés en matière de garde des enfants, laquelle malgré certains changements récents, est assumée dans la majorité des cas par la mère (Crossbie-Burnett et coll., 1988 ; Richardson, 1987). Parmi les femmes ayant déjà vécu en famille recomposée avant l'âge de 40 ans, 76 % vivaient avec leurs enfants naturels seulement, 16 % vivaient avec les enfants de leurs conjoints seulement, tandis que 8 % élevaient à la fois leurs propres enfants et ceux de leur conjoint. Fait intéressant à souligner, très peu de familles (moins de 3 %)[10] groupaient trois types d'enfants, c'est-à-dire les enfants de chacun des conjoints nés d'une union antérieure ainsi que les enfants issus de la nouvelle union.

Parmi les expériences de recomposition familiale terminées au moment de l'enquête, plus de cinq sur dix ont pris fin à la suite du départ des enfants, et plus de quatre sur dix à la suite d'une rupture d'union.

Tableau 1 - Caractéristiques des premiers épisodes en famille recomposée vécus par les répondantes selon le type d'unité familiale, Canada 1990

Caractéristique	Type de famille			
	Beau-père	Belle-mère	Beau-père et belle-mère	Ensemble
Période d'entrée en famille recomposée :				
- Avant 1969	21	20	12	20
- 1969-1979	33	31	48	34
- 1980-1990	46	49	40	46
Type d'union :				
- Mariage direct	43	38	24	41
- Union libre	32	32	37	32
- Union libre suivie de mariage	25	30	39	27
Groupe d'âge à l'entrée en famille recomposée :				
- Moins de 25 ans	47	46	36	46
- 25-29 ans	21	28	24	22
- 30-39 ans	32	26	40	32
- Age moyen	26,8	25,7	27,9	26,7
Niveau de scolarité atteint à l'enquête[a] :				
- Moins de 12 ans	47	33	40	45
- 12-13 ans	17	10	22	16
- Post-secondaire	27	33	26	28
- Universitaire	11	9	24	12
Présence, au début [b] de l'épisode, d'au moins un enfant âgé de :				
- Moins de 5 ans	63	38	63	59
- 5-11 ans	47	66	78	53
- 12 ans et +	20	30	54	24
- Age moyen	4,8	6,2	4,3	5,0
% de répondantes ayant donné naissance ou adopté un enfant dans le cadre de l'union :	49	50	34	48
Issue[c] :				
- Rupture volontaire d'union	48	17	59	44
- Décès	3	1	2	3
- Départ des enfants [d]	49	82	39	53
Ensemble n[e]	364	79	38	481
%	76	16	8	100

→

Source : Statisque Canada. Enquête sociale générale (cycle 5) : La famille et les amis, 1990.

Note : Les valeurs indiquées sont, sauf indication contraire, des pourcentages.

a. Exclut trois cas pour lesquels l'information est manquante : deux répondantes dans la catégorie beau-père et une répondante dans la catégorie belle-mère.

b. Catégories non exclusives; les répondantes peuvent donc se retrouver dans plus d'une catégorie.

c. Pourcentages basés sur l'ensemble des expériences terminées seulement (n=298).

d. Départ du dernier enfant qui n'est pas issu du couple. La famille devient alors soit, par analogie, une famille biparentale «intacte» c'est-à-dire une famille dont tous les enfants résidants sont nés ou ont été adoptés dans le cadre de l'union en cours, soit un couple sans enfant.

e. Données pondérées ramenées à la taille de l'échantillon initial.

Parmi les expériences de recomposition familiale terminées au moment de l'enquête, plus de cinq sur dix ont pris fin à la suite du départ des enfants, et plus de quatre sur dix à la suite d'une rupture d'union. Seulement 3 % des familles ont été démembrées à la suite du décès du conjoint.

Méthodologie

L'étude des facteurs associés aux ruptures d'union – de droit ou de fait – dans les familles recomposées repose sur la méthode de l'analyse des transitions (voir Allison, 1984). Cette méthode réunit l'approche de la table d'extinction et celle de la régression. Du point de vue technique, la variable dépendante est le risque instantané de sortir de la famille recomposée par séparation ou par divorce. À l'intérieur d'un intervalle donné, ce risque est défini comme le quotient du nombre de femmes dont la vie en famille recomposée se termine de cette façon au cours de cet intervalle sur le nombre de femmes vivant encore dans ce type d'unité familiale au cours de l'intervalle, c'est-à-dire l'ensemble des femmes qui n'ont pas encore connu l'événement et qui sont toujours sous observation. Le risque ainsi défini est donc une proportion. Les expressions « risque », « risque instantané », « quotient instantané » et « taux de transition » sont synonymes et désignent toutes la variable dépendante des équations de régression.

Comme nous nous intéressons aux épisodes de vie en famille recomposée se terminant par une rupture volontaire d'union – séparation ou divorce –, ne sont comptées au numérateur que les femmes dont la vie en famille recomposée prend fin de cette manière. En conséquence, les femmes dont l'épisode familial se termine autrement que par une rupture d'union (par exemple, par le décès du conjoint ou par le départ de tous les enfants non issus du couple) sont comptées au dénominateur tant que leur épisode de vie en famille recomposée dure. Ainsi, le groupe à risque diminue au fur et à mesure que les séparations ou les divorces surviennent ou que l'observation est interrompue (par exemple, les femmes qui ne vivaient plus en famille recomposée au temps t, lorsqu'il s'agit de calculer la probabilité de vivre une rupture d'union au temps $t + 1$).

Notons que les types de sortie de la famille recomposée sont en fait des risques concurrents puisque lorsqu'un épisode de recomposition familiale prend fin à la suite du décès du conjoint, tout risque de quitter ce statut familial par rupture volontaire d'union devient nul. En principe, nous devrions tenir compte de ce fait dans les modèles eux-mêmes, car les processus régissant les événements concurrents sont rarement indépendants. À l'heure actuelle, la seule façon de réduire l'effet de l'indépendance sur la validité des analyses et des estimations est d'intégrer aux équations des variables indépendantes dont on présume qu'elles sont communes aux différents processus. Dans le tableau 2, l'âge des enfants au moment de la formation du foyer recomposé, par exemple, est une caractéristique que l'on suppose associée à la fois au départ des enfants et à la rupture volontaire de l'union (voir Smith et coll., 1991).

Pour calculer les effets de différentes variables indépendantes sur le risque de séparation des couples, nous utilisons la régression semi-paramétrique à risques proportionnels (aussi appelée modèle Cox) estimée par la méthode dite de la vraisemblance partielle (Cox, 1972). Dans ce modèle, le risque de mettre fin à la vie en famille recomposée auquel est soumise une femme à chaque moment est décomposé en deux parties. La première de ces parties est le quotient instantané de base calculé selon le principe décrit plus haut. Le modèle choisi n'impose pas de distribution particulière à ce quotient ; en d'autres mots, celui-ci évolue au cours du temps de manière indépendante, et la forme de cette évolution n'est pas précisée. La seconde partie est formée de l'ensemble des effets par lesquels les différentes variables indépendantes modifient le quotient instantané de base, chaque variable indépendante pouvant augmenter ou diminuer ce risque.

Dans de tels modèles, une variable qui augmente le risque de mettre fin à la famille recomposée multiplie le taux de transition de base par une quantité supérieure à 1 ; une variable qui diminue le risque multiplie le taux de transition de base par une quantité inférieure à 1 ou, ce qui revient au même, divise ce taux par une quantité supérieure à 1. Ainsi, si le fait de se marier au temps *t* diminue le risque de dissolution de la famille, le coefficient associé à cette variable sera un nombre inférieur à 1, par exemple 0,30, et on dira que, toutes choses égales par ailleurs, le mariage diminue de 70 % le risque de rupture d'union (voir le modèle 3 du tableau 2). On pourra, aussi bien, dire que le mariage divise ce risque par 3,3 (1/0,30). L'effet des variables indépendantes dont la valeur, pour une femme, peut varier en cours d'épisode s'interprète de la même manière que l'effet d'une variable indépendante dont la valeur ne change pas. Ainsi, une femme qui épouse son conjoint après avoir habité avec lui un certain temps est soumise au risque des femmes qui vivent en union libre jusqu'au moment de son mariage, et elle subit le risque de dissolution plus faible des femmes mariées à partir du moment de son mariage. La prise en compte d'une telle variable, dont le modèle permet alors d'estimer les risques d'une femme de vivre une rupture d'union, à partir du moment où le mariage se conclut, comparativement aux femmes qui, à cette durée d'observation, présentent les mêmes caractéristiques, mais qui ne sont toujours pas mariées. Soulignons que les résultats sont rapportés dans le tableau 2 sous leur forme multiplicative[11]. Les caractéristiques retenues sont entrées dans le modèle sous forme dichotomique ou polydichotomique, et les rapports de risque des catégories définies s'interprètent en fonction de la modalité de référence (omise de l'équation) spécifiée entre parenthèses au tableau 2.

Facteurs associés aux ruptures d'union dans les familles recomposées canadiennes

Le tableau 2 présente les estimations des effets des différentes variables indépendantes retenues dans l'analyse. Ces estimations mesurent l'effet des diverses caractéristiques socio-démographiques sur le risque instantané des répondantes de quitter la vie en famille recomposée par rupture d'union.

On constatera d'abord, sans grande surprise, que la période passée en famille recomposée influe sur les risques de rupture d'union : les femmes ayant traversé une première phase de recomposition familiale avant les années 70 ont toujours nettement moins tendance à vivre une séparation que les femmes qui ont vécu l'expérience plus tardivement, et cela quel que soit le modèle utilisé. Comparativement aux femmes ayant appartenu à une famille recomposée pendant les années 70, les premières ont entre 73 % (modèle 6) et 81 % (modèle 2) moins de risques de voir leur union prendre fin de cette manière ; à l'inverse, une fois considérés le type de famille et l'âge des femmes à l'entrée dans l'épisode, les répondantes ayant vécu cette forme de vie familiale dans les années 80 seraient environ une fois et demie plus susceptibles de connaître la séparation (modèle 2).

Tableau 2 - Rapports de risque[a] du modèle semi-paramétrique (Cox) pour estimer l'impact des variables socio-démographiques sur les ruptures chez les femmes vivant en famille recomposée (n=476) [b]

Variable [c]	Catégorie	Modèle					
		1	2	3	4	5	6
Période vécue en famille recomposée (1969-1979) [d]	Avant 1969	0,20*	0,19*	0,24*	0,25*	0,25*	0,27*
	1980-1990	1,51*	1,47*	1,19*	1,17*	1,13*	1,13*
Groupe d'âge à l'entrée en famill recomposée (25-29 ans)	Moins de 25 ans	1,07	1,03	1,15	1,28	1,39	1,52
	30-39 ans	0,97	0,97	0,98	1,02	0,96	1,01
Type de famille (beau-père)	Belle-mère			0,34*	0,34*	0,31*	0,31*	0,26*
	Beau-père et belle-mère			0,73	0,63	0,76	0,72	0,70
Type d'union (union libre) [c]	Mariage				0,30*	0,30*	0,31*	0,28*
Présence, au début de l'épisode, d'au moins un enfant dans le groupe d'âge (5-11 ans)	12 ans et +					0,59*	0,62*	0,63*
	Moins de 5 ans					0,61	0,61	0,63
Naissance ou adoption d'un enfant en cours d'union (non) [f]	Oui						0,58*	0,63*
Niveau de scolarité atteint à l'enquête (12-13 ans)	Moins de 12 ans							1,97*
	Post-secondaire							2,31*
	Universitaire							3,66*

Source: Statistique Canada. Enquête sociale générale (cycle 5): La famille et les amis, 1990.

a. Le symbole «*» indique que les rapports de risque sont différents de 1 au seuil de 0,005.
b. L'analyse exclut cinq répondantes pour lesquelles l'information sur le niveau de scolarité atteint à l'enquête ou sur l'âge à l'entrée en famille recomposée est manquante. Données pondérées ramenées à la taille de l'enchantillon initial.
c. La modalité de référence de chaque variable nominale est inscrite entre paranthèses.
d. Cette variable nous permet d'estimer l'importance du contexte socio-historique sur le risque de dissolution des familles recomposées. Comme l'épisode de vie en famille recomposée d'une femme peut couvrir plus d'une période (par exemple, une femme peut avoir vécu en famille recomposée de 1967 à 1975), la valeur de cette variable, pour chaque femme, peut varier au cours du temps en fonction du moment du début et de la fin de l'épisode de vie en famille recomposée et des bomes que nous avons données aux périodes socio-historiques.
e. Variable indépendante dont la valeur peut varier au cours du temps. Elle prend la valeur 0 pendant la partie d'un épisode au cours de laquelle la femme vit en union libre et la valeur 1 durant celle au cours de laquelle elle est mariée. La valeur ne change pas si l'état matrimonial de la femme est le même durant tout l'épisode de vie en famille recomposée. Sur l'interprétation des coefficients de telle variables, voir notre section sur la méthode.
f. Variable indépendante dont la valeur peut varier au cours du temps. Elle prend la valeur 0 pendant la partie d'un épisode qui précède la naissance ou l'adoption d'un enfant et la valeur 1 durant celle qui suit cette naissance ou cette adoption. La valeur ne change pas et demeure 0 durant tout l'épisode s'il n'y a ni naissance ni adoption au cours de cet épisode. Sur l'interprétation des coefficients de telle variables voir notre section sur la méthode

L'âge des femmes au début de l'épisode de recomposition familiale ne semble pas avoir d'influence notable sur la durée des unions. Le type d'organisation familiale, par contre, joue un rôle déterminant à cet égard. Ainsi, les femmes vivant dans les familles patricentriques, c'est-à-dire celles qui sont recomposées par l'addition d'une belle-mère, risqueraient beaucoup moins de connaître une rupture d'union que les femmes vivant dans d'autres types de configurations familiales. Quel que soit le modèle considéré, les premières présentent un risque trois fois plus faible de voir leur union se terminer par une rupture. Par contre, contrairement aux attentes, les familles recomposées « complexes », c'est-à-dire celles où il y a deux beaux-parents, ne se distingueraient pas de celles qui sont formées autour de la mère[12].

Le type d'union qui a été conclu influe aussi grandement sur le destin des couples. Ainsi, les femmes qui optent pour le mariage affichent à peine 30 % des risques des cohabitantes de vivre une rupture d'union. De plus, l'inclusion du type d'union dans l'équation (modèle 3) a pour effet de modifier sensiblement l'influence que la période passée en famille recomposée exerce sur les risques d'éclatement des familles.

Ainsi qu'on peut le voir dans le troisième modèle, une fois pris en compte le type d'union, les femmes ayant vécu dans une famille recomposée dans les années 80 ne risqueraient pas plus de voir leur union se rompre que celles qui ont connu l'expérience durant les années 1969-1979. Le type d'union jouerait ainsi le rôle de variable intermédiaire entre la période et le risque de rupture ; l'effet de période, noté antérieurement pour les années 80, tiendrait alors davantage aux changements observés en matière de pratiques conjugales, et plus particulièrement à la progression des unions libres auxquelles est lié un risque plus élevé de rupture.

Les deux modèles suivants (modèles 4 et 5) ont pour objet d'évaluer l'impact des responsabilités parentales sur la propension des couples à se séparer. On constate d'abord que la présence d'un enfant d'âge préscolaire au moment de la formation du foyer recomposé est associée à une probabilité moindre de rupture d'union ; par rapport aux couples élevant des enfants plus âgés, les conjoints ayant charge d'un enfant de moins de cinq ans sont environ 40 % moins susceptibles de vivre une séparation. Contrairement aux attentes, la présence d'au moins un adolescent (enfant âgé de 12 ans ou plus) au moment de la formation du foyer ne semble pas associée à un risque plus élevé de rupture d'union (voir les modèles 4 à 6).

L'avant-dernier modèle vise à évaluer l'impact de l'arrivée d'un enfant issu du couple sur les risques de dissolution des familles recomposées. On y découvre que les partenaires ayant un enfant ensemble seraient 40 % moins exposés à se séparer. Ce résultat confirme largement celui d'une étude récente réalisée par Wineberg (1992) et établissant que la naissance ou l'adoption d'un enfant en cours d'union aurait un effet « protecteur » sur la stabilité des unions.

Enfin, le dernier modèle permet d'évaluer l'impact du statut socio-économique, mesuré imparfaitement à l'aide du niveau de scolarité atteint par la répondante au moment de l'enquête, sur l'instabilité conjugale. La relation entre ces deux variables paraît plus ou moins nette. Ainsi, comparativement à leurs consoeurs ayant fait seulement des études secondaires, les femmes ayant poursuivi des études post-secondaires sont près de deux fois et demie plus exposées à connaître une séparation, tandis que celles ayant entrepris des études universitaires auraient environ trois fois et demie plus de chances de connaître une rupture. Par rapport au groupe de référence (12-13 ans), les femmes ayant une faible scolarité (moins de 11 ans) risquent aussi davantage (risque deux fois plus élevé) de vivre une séparation.

Discussion et conclusion

Avec la hausse des ruptures volontaires d'union et la généralisation des modes d'accès plus informels à la conjugalité à partir des années 1970, les recompositions familiales ont connu une hausse marquée et une diversification croissante. Parallèlement à cette évolution, les expériences de recomposition familiale sont désormais de plus en plus précaires ; une portion importante de ces dernières se termineront par une rupture d'union (Desrosiers et Le Bourdais, 1992), marquant bien souvent le début d'une nouvelle phase de monoparentalité, avec les conséquence sociales et économiques que comporte cette situation.

L'analyse que nous avons menée a permis de cerner quelques-uns des facteurs associés aux dissolutions d'union dans les familles recomposées. Hormis l'impact de la structure familiale, il est assez intéressant de constater que plusieurs caractéristiques liées à une plus grande instabilité conjugale dans ce type de famille sont sensiblement les mêmes que celles observées dans les études portant sur les premières unions. Des recherches récentes ont montré en effet que les unions libres sont plus instables que les mariages (Burch et Madan, 1986 ; Desrosiers et Le Bourdais, 1993), et que les mariages contractés à partir des années 70 sont de plus en plus fragiles (Desrosiers et Le Bourdais, 1991 ; Teachman, 1986). À la lumière de ces résultats, notre analyse ne recoupe donc que partiellement la conclusion de Teachman (1986) suivant laquelle les facteurs sociodémographiques à l'origine des ruptures de premiers mariages sont différents de ceux associés à la dissolution des remariages. Rappelons toutefois que les épisodes de recomposition familiale sur lesquels repose l'analyse englobent, outre les remariages, les secondes unions libres ; ils incluent également les femmes (avec ou sans enfant) vivant une première union dans le cadre d'un foyer recomposé.

L'âge précoce au moment de la formation de l'union, reconnu comme un facteur de risque majeur dans les études portant sur les premiers mariages, ne ressort pas comme un facteur prédicteur dans le cas des familles recomposées ; cela tient peut-être au fait que notre étude mêle des unions de rang 1 et 2[13]. Martin et Bumpass (1989) notent, par ailleurs, que la majorité des femmes remariées ont conclu un mariage une première fois à l'adolescence ; la relative homogénéité de ce groupe expliquerait peut-être alors l'absence de résultats significatifs. Selon Morgan et Rindfuss (1985), certains facteurs associés à un premier mariage précoce (par exemple, traits particuliers de personnalité, faible capital scolaire, professionnel et économique) continueraient ainsi de jouer un rôle à travers les unions successives.

Par ailleurs, les responsabilités parentales assumées ne sont pas sans rapport, on l'a vu, avec la propension des femmes à vivre une séparation ou un divorce. Ainsi, la présence d'enfants d'âge préscolaire au moment de la formation de l'unité familiale contribue fortement à réduire le risque de voir l'union se rompre. À cet égard, Knaub et coll. (1984) notent que les jeunes enfants seraient plus conciliants envers leur nouveau parent. Les couples ayant des enfants en bas âge peuvent aussi être plus réticents à se séparer, comme le démontrent divers travaux (pour une discussion, voir Wineberg, 1992). Dans la même veine, l'arrivée d'un enfant issu du couple serait aussi associée à un risque moindre de rupture d'union. Il demeure néanmoins difficile d'établir un lien de cause à effet entre ces deux variables. Par exemple, on peut penser que les couples les mieux « assortis » seront plus nombreux à procréer ou à adopter un enfant ensemble, la décision d'élargir la famille étant alors la suite d'une relation satisfaisante (Waite et coll., 1985). L'arrivée d'un enfant peut aussi rendre les couples plus tolérants face aux difficultés rencontrées en raison des coûts économiques et sociaux (par exemple, diminution des contacts avec l'enfant pour le parent non gardien) souvent liés à la séparation. Des études de nature qualitative devront être menées si l'on désire obtenir une meilleure compréhension des mécanismes par lesquels la venue d'un enfant commun contribue à réduire le risque d'instabilité conjugale dans les familles recomposées.

Au-delà des caractéristiques typiquement démographiques, la propension des femmes vivant en famille recomposée à connaître une séparation paraît étroitement liée aussi au degré d'instruction. Nos résultats recouvrent partiellement ceux obtenus par Martin et Bumpass (1989), un faible niveau de scolarité (moins de 12 ans) étant associé à une plus grande probabilité de voir l'union prendre fin rapidement. À la lumière de notre analyse, les femmes mieux dotées sur le plan scolaire seraient cependant encore plus exposées à vivre cette expérience. On notera toutefois que la scolarité n'a été évaluée qu'au moment de l'enquête de sorte qu'il est hasardeux de dégager une conclusion sûre quant à l'impact de cette variable sur l'histoire familiale. Certaines répondantes ont pu, par exemple, retourner aux études après avoir rompu avec leur conjoint, en particulier celles appartenant aux générations plus jeunes.

Plus que toute autre caractéristique retenue, le type de famille recomposée fournit des indices sur le cheminement familial antérieur des conjoints. Cette variable, ainsi qu'on l'a vu, joue un rôle déterminant en ce qui concerne la durée des expériences de vie en famille recomposée. Comme dans de nombreuses autres recherches menées dans le domaine de la psychosociologie de la famille, l'analyse révèle que les familles où les femmes prennent en charge les enfants de leurs conjoints seraient beaucoup plus stables que celles organisées autour de la mère. Plusieurs raisons peuvent être invoquées pour expliquer cet état de fait, comme le profil particulier des familles où les hommes ont la garde de leurs enfants et le rôle fort différent qu'y jouent les femmes (Ambert, 1986 ; Pasley et Ihinger-Tallman, 1987). À cet égard, diverses études indiquent, par exemple, que les familles recomposées autour du père bénéficient d'un niveau socio-économique plus élevé que celles qui se forment autour de la mère (Ambert, 1986 ; Ferri, 1993). Les femmes qui vivent avec les enfants de leur conjoint, bien que plus fréquemment « beau-parent à distance » (Le Gall, 1992), joueraient également un rôle actif en ce qui concerne la prise en charge des enfants (Ambert, 1986). Le type de relation qui s'établit entre les parents biologiques (c'est-à-dire les ex-conjoints) (Visher et Visher, 1990) ou les arrangements pris en matière de garde, différents selon le sexe du parent gardien (Ambert, 1986 ; Furstenberg et coll., 1983 ; Le Gall, 1992), peuvent aussi influer sur la dynamique familiale (voir Granger et coll., 1990). Centrée sur l'unité résidentielle ou le ménage, l'Enquête sociale générale sur la famille et les amis ne fournit toutefois aucune information sur les modalités de garde adoptées à la suite d'une séparation ou d'un divorce de sorte que d'autres études devront être menées pour mieux comprendre la dynamique qui se profile derrière le type de famille, tel que nous l'avons défini.

À cet égard, l'analyse n'a pu révéler de relation significative entre le niveau de complexité de la famille recomposée et la propension des femmes à vivre une rupture d'union. Cet ensemble de résultats laisse croire qu'au-delà du niveau de complexité de l'unité résidentielle, divers facteurs propres au réseau de parenté demanderaient à être pris en compte si l'on désire mieux comprendre comment se fait l'ajustement à la vie en famille recomposée. En effet, par-delà l'identification d'un noyau familial centré sur la résidence, toute analyse des familles recomposées requiert un examen du fonctionnement du réseau familial, et plus particulièrement en ce qui concerne la prise en charge des enfants.

L'Enquête nationale longitudinale sur les enfants qui fut entreprise au Canada en 1994 ouvre vraisemblablement des avenues de recherche intéressantes. Cette enquête retrace d'abord, pour chacun des

25 000 enfants ciblés, l'histoire conjugale de leurs parents (et beaux-parents, s'il y a lieu) à partir du moment de leur naissance, en précisant les modalités de garde adoptées depuis lors. Par la suite, son mandat est de tenir à jour ces informations en suivant tous les deux ans, pour une période minimale de dix ans, l'échantillon sélectionné d'enfants. Ce faisant, cette enquête permettra de contextualiser les résultats des recherches antérieures et d'obtenir une description plus exacte de la dynamique des recompositions familiales.

Notes

1. Une version très semblable de ce texte a été publiée en 1995 dans la revue *Recherches sociographiques* (XXXVI, 1). Cette recherche a été rendue possible grâce à l'appui financier de la fondation canadienne Donner, du Fonds de développement académique du réseau (FODAR) de l'Université du Québec et du Fonds pour la formation de chercheurs et l'aide à la recherche (FCAR-Équipes) du Gouvernement du Québec. Les auteurs remercient Nathalie Vachon pour la programmation informatique et la mise en forme des données sur les recompositions familiales.

2. Au moment de la réalisation de l'étude, Hélène Desrosiers était rattachée au Centre INRS-Urbanisation.

3. Pour une exception, voir l'excellent ouvrage collectif *Les recompositions familiales aujourd'hui*, paru en France en 1993 (Meulders-Klein et Théry, 1993).

4. Enfant d'un conjoint né d'une union antérieure.

5. On ne connaît malheureusement pas l'âge des répondants à l'arrivée des enfants adoptés ou d'un autre lit dans leur foyer, et un mode d'attribution des dates d'arrivée a dû être établi (pour plus de détails, voir Desrosiers et coll., 1994).

6. Pour une présentation détaillée de la méthodologie utilisée pour la constitution des épisodes familiaux, voir Desrosiers et coll. (1994).

7. On notera que les unités familiales formées par les femmes ayant donné naissance à un enfant hors union n'ont pas été comptées comme recompositions familiales lorsque l'union est survenue dans les six mois de la naissance ; dans un tel cas, nous avons supposé que les femmes avaient formé une union avec le père de l'enfant (voir Desrosiers et Le Bourdais, 1992).

8. Parmi l'ensemble des répondantes âgées de 65 ans ou moins qui ont été interrogées et pour lesquelles on dispose de toutes les données sur l'histoire familiale, 73 femmes (13,2 %) ont été exclues de l'analyse parce qu'elles ont vécu leur première expérience en famille recomposée à 40 ans ou après.

9. D'autres facteurs, comme la durée du premier mariage (Teachman, 1986), par exemple, sont certes susceptibles d'avoir un impact sur la stabilité conjugale des couples déjà mariés ; dans le cadre de ce travail, nous avons toutefois préféré inclure l'ensemble des répondantes vivant en famille recomposée, qu'elles aient ou non été mariées. Nous aurions pu, par ailleurs, intégrer à nos analyses la situation matrimoniale des répondantes au moment de la formation du foyer recomposé (célibataire, séparée, divorcée ou veuve) plutôt que le type de famille, au sens où nous l'avons défini ; nos analyses préliminaires ont toutefois montré que cette variable n'exerce pas d'impact significatif sur la durée des unions, une fois l'ensemble des caractéristiques retenues incluses dans l'équation.

10. C'est-à-dire 34 % des 38 familles recomposées comptant à la fois un beau-père et une belle-mère.

11. Il est utile de savoir cependant que, pour des raisons pratiques, le modèle obtenu à l'aide de l'approche de Cox est estimé sous la forme additive que l'on obtient en prenant les logarithmes naturels des membres de l'équation et que les coefficients peuvent être aussi présentés sous cette forme.

12. Les effectifs des familles recomposées « complexes » sont cependant très faibles.

13. Il convient toutefois de souligner que, comparativement aux répondantes ayant commencé une première phase de recomposition familiale dans la vingtaine, les femmes formant un foyer recomposé avant l'âge de 20 ans seraient significativement plus exposées à voir leur union se rompre (données non présentées ici). Dans la majorité des cas, ces femmes sont des mères « célibataires », c'est-à-dire vivant une première union dans le cadre d'un foyer recomposé intégrant le beau-père de leurs enfants.

Bibliographie

Allison, P. D. (1984), *Event history Analysis. Regression for Longitudinal Event Data*, Beverly Hills, Sage Publications.
Ambert, A. M. (1986), « Being a stepparent : Live-in and visiting stepchildren », *Journal of Marriage and the Family*, 48, p. 795-804.
Booth, A. et J. Edwards (1992), « Starting over. Why remarriages are more unstable », *Journal of Family Issues*, 13, 2, p. 179-194.
Burch, T. et T. K. Madan (1986), *Formation et rupture d'unions. Résultats de l'Enquête sur la famille de 1984*, Ottawa, Statistique Canada (cat. 99-963).
Cherlin, A. (1978), « Remarriage as an incomplete institution », *American Journal of Sociology*, 84, 3, p. 634-650.
Clingempell, W.G. et E. Brand (1985), « Quasi-kin relationships, structural complexity, and marital quality in stepfamilies : a replication, extension, and clinical implications », *Family Relations*, 34, p. 401-409.
Cox, D.R. (1972), « Regression models and life-tables (with discussion) », *Journal of the Royal Statistical Society B*, 34, p. 187-220.
Crossbie-Burnett, M., A. Skyles et J. Becker-Haven (1988), « Exploring stepfamilies from a feminist perspective », dans Dornbusch, S.M. et M. H. Strober, (dir.), *Feminism, Children and the New Families*, New York, The Guilford Press, p. 297-326.
Desplanques, G. (1993), « Les familles recomposées en 1990 », dans Meuldersklein, M.-T. et I. Théry (dir.), *Les recompositions familiales aujourd'hui*, Paris, Nathan, p. 81-96.
Desrosiers, H. et C. Le Bourdais (1993), « Les unions libres chez les femmes canadiennes : étude des processus de formation et de dissolution », dans Cordell, D., D. Gauvreau, R. Gervais et C. Le Bourdais, (dir.), *Population, reproduction, société. Perspectives et enjeux de démographie sociale*, Montréal, Presses de l'Université de Montréal, p. 197-214.
Desrosiers, H. et C. Le Bourdais (1992), « Les familles composées au féminin : évolution, ampleur et caractéristiques au Canada », dans Pronovost, G. (dir.), *Comprendre la famille, Actes du Premier symposium québécois de recherche sur la famille*, Sainte-Foy, Presses de l'Université du Québec, p. 71-95.
Desrosiers, H. et C. Le Bourdais (1991), « The impact of age at marriage and timing of first birth on marriage dissolution in Canada », *Canadian Studies in Population*, 18, 1, p. 29-51.
Desrosiers, H., C. Le Bourdais et K. Lehrhaupt (1994), *Vivre en famille monoparentale et en famille recomposée : portrait des Canadiennes d'hier et d'aujourd'hui*, Montréal, INRS-Urbanisation, Collection « Études et documents », no 67.
Desrosiers, H., C. Le Bourdais et B. Laplante (1995), « Les dissolutions d'union dans les familles recomposées : l'expérience des femmes canadiennes », *Recherches sociographiques*, XXXVI, 1, p. 47-64.

Ferri, E. (1993), *Research on the stepfamily in Great Britain*, communication présentée au Colloque international « Les recompositions familiales aujourd'hui », Paris, 3 décembre.

Furstenberg, F.F. (1976), « Premarital pregnancy and marital instability », *Journal of Social Issues*, 32, 1, p. 67-85.

Furstenberg, F.F. et coll. (1983), « The life-course of children of divorce : Marital disruption and parental contact », *American Sociological Review*, 48, p. 656-668.

Glick, P.C. (1989), « Remarried families, stepfamilies and stepchildren : A brief demographic profile », *Family Relations*, 38,1, p. 24-27.

Granger, M. et coll. (1990), « La qualité relationnelle dans la famille recomposée : perspectives du parent et de l'enfant », *Service Social*, 39, 3, p. 50-63.

Knaub, P.K., S.L. Hanna et N. Stinnet (1984), « Strengths of remarried families », *Journal of divorce*, 7, 3, p. 41-55.

Le Gall, D. (1992), « Parâtres d'aujourd'hui. Formes du rôle beau-parental dans les familles héritières d'une union antérieure avec enfant(s) », communication présentée au Colloque *La construction de la parenté*, Université de Genève, 11-12 décembre.

Martin, T.C. et L.L. Bumpass (1989), « Recent trends in marital disruption », *Demography*, 26, 1, p. 37-51.

Meulders-Klein, M.-T. Et I. Théry (dir.) (1993), *Les recompositions familiales aujourd'hui*, Paris, Nathan.

Moorman, J.E. et D.J. Hernandez (1989), « Married-couple families with step, adopted and biological children », *Demography*, 26, 2, p. 267-277.

Morgan, S. et R. Rindfuss (1985), « Marital disruption among young American women : An interdisciplinary perspective », *American Journal of Sociology*, 90, p. 1055-1077.

Pasley, K. et M. Ihinger-Tallman (1987), *Remarriage and stepparenting. Current Research and Theory*, New York, Guilford Press.

Richardson, C. J. (1987), « Children of divorce », dans Anderson, K. (dir.), *Family Matters : Sociology of Contemporary Canadian Families*, Toronto, Methuen, p. 163-200.

Roberts, T.W. et S.J. Price (1987), « Instant families : Divorced mothers marry never-married men », *Journal of Divorce*, 11, 1, p. 71-92.

Schultz, N.C., C.L. Schultz et D.H. Olson (1991), « Couple strengths and stressors in Australian stepfamilies », *Journal of Marriage and The Family*, 53, 3, p. 555-569.

Smith, K.R., C.D. Zick et G.J. Duncan (1991), « Remarriage patterns among recent widows and widowers », *Demography*, 28, 3, p. 361-374.

Teachman, J.D. (1986), « First and second marital dissolution : A decomposition exercise for whites and blacks », *The Sociological Quarterly*, 27, p. 571-590.

Visher, E.B. et J.S. Visher (1990), « Dynamics of successful stepfamilies », *Journal of Divorce and Remarriage*, 14, 1, p. 3-12.

Visher, E.B. et J.S. Visher (1978), « Common problems of stepparents and their spouses », *American Journal of Orthopsychiatry*, 48, 2, p. 252-262.

Waite, L.J., G.W. Haggstrom et D.E. Kanouse (1985), « The consequence of parenthood for marital stability of young adults », *American Sociological Review*, 50, p. 850-857.

White, L.K. et A. Booth (1985), « The quality and stability of remarriages : the role of stepchildren », *American Sociological Review*, 50, p. 689-698.

Wineberg, H. (1992), « Childbearing and dissolution of the second marriage », *Journal of Marriage and the Family*, 54, 2, p. 879-887.

4

Les limites de l'association de la famille et de l'État dans la prise en charge des adultes dépendants[1]

CHANTAL MAILLÉ, Université Concordia

Introduction

On assiste depuis une dizaine d'années à l'abandon de certains aménagements découlant de l'État-providence au Québec. Dans ce contexte, il convient de considérer les divers mécanismes qui viennent remplacer l'action de l'État. Plusieurs avenues tant théoriques que pratiques sont proposées comme substituts aux initiatives de l'État-providence. Sur le plan théorique, le retour à la société civile, les discours sur le don comme nouveau mode d'organisation des rapports sociaux ou sur la dette intergénérationnelle proposent de renouveler les liens entre membres d'une même collectivité pour faire contrepoids à l'ordre imposé par les rapports marchands. Sur le plan pratique, les plus récentes politiques sociales tentent de présenter de nouveaux modèles de services pour les personnes qui dépendent de l'État, et elles reposent sur la notion de partenariat entre la famille et l'État. L'idée de partenariat est séduisante ; elle procède de l'idéologie collectiviste et suggère que la collaboration entre classes et individus est affaire de bonne volonté. Elle suppose également que les différents modèles d'association auront une certaine souplesse qui apparaît préférable à la rigidité et à la dépersonnalisation propres à l'intervention étatique.

Dans ce texte, nous voulons réfléchir sur la question du partenariat, considérer les possibilités et les limites de ce mode d'organisation des politiques sociales. Une intuition est d'abord née de notre réflexion sur le sujet : le partenariat entre l'État et les familles pose un certain nombre de problèmes d'application et transfère à la sphère privée une partie importante de la responsabilité à l'endroit des personnes dépendantes. Nos observations résultent principalement de notre participation à plusieurs projets de recherche-terrain dont l'objet principal était d'examiner les réalités liées à la prise en charge des adultes dépendants dans le contexte de l'organisation familiale. Nous en faisons brièvement état et nous ferons part des résultats obtenus, de notre point de vue, sur les possibilités et les limites d'un partenariat pour la prise en charge des adultes dépendants.

Derrière notre démarche de recherche se profilent plusieurs enjeux. Premièrement, nous croyons que l'un des enjeux liés à ce champ de recherche tient à la volonté d'arriver à une plus grande équité dans le partage des responsabilités à l'égard des personnes dépendantes. Dans un contexte où l'insertion des femmes sur le marché du travail constitue une donnée, il faut établir en quoi les pratiques et les politiques de maintien à domicile des personnes dépendantes risquent de confiner une fois de plus les femmes dans la sphère des soins à fournir aux personnes, de nuire à leur insertion dans la sphère publique et d'accroître leur état de pauvreté. C'est là qu'intervient le second enjeu : déterminer les conséquences des choix qui ont été faits ou que la société s'apprête à faire en matière de services de santé et de programmes sociaux. La tendance des années 90 a été au retrait de l'État de plusieurs programmes sociaux. La désinstitutionnalisation dans les services de santé, les services sociaux et les ressources d'hébergement pour les personnes dépendantes a entraîné une réduction considérable des services. À l'heure actuelle, les demandes adressées aux services de santé et aux services sociaux sont telles qu'on ne peut répondre aux besoins. Ce changement d'orientation a donc eu comme conséquence de réduire les services offerts aux personnes dépendantes. Les milieux naturels, et plus précisément les familles, sont appelés à jouer un rôle de premier plan dans la gestion des besoins des personnes dépendantes. C'est une responsabilité bien lourde à porter, particulièrement pour les femmes, dans un contexte qui exige de plus en plus qu'elles soient sur le marché de l'emploi.

Nos recherches sur les soignantes d'adultes dépendants dans la famille font ressortir l'importance d'inclure dans l'analyse des phénomènes de conciliation famille-travail les réalités liées à ce type de travail dans la sphère privée[2].

La reconnaissance de cette réalité va de pair avec un débat sur les responsabilités des différents partenaires appelés à s'occuper des personnes dépendantes, sur les formes que devrait prendre le partenariat entre l'État, le milieu de travail, les syndicats, le milieu familial, la personne dépendante et la collectivité[3].

En cette ère de désinstitutionnalisation, de réduction des programmes sociaux, il est nécessaire, à notre avis, d'examiner les questions relatives à la reconnaissance sociale de la prise en charge des proches adultes dépendants, aux attentes vis-à-vis des familles et des femmes et à l'équité dans le partage des responsabilités.

Cela signifie que les employeurs doivent porter leur attention sur une nouvelle réalité, à savoir le nombre croissant d'employés, et particulièrement d'employées, qui non seulement doivent allier travail et obligations familiales au sens généralement admis, c'est-à-dire enfants et conjoint, mais qui en outre ont à s'occuper d'un adulte de leur entourage incapable d'accomplir les tâches de la vie quotidienne.

Nos questions de recherche

Notre principale préoccupation dans notre recherche a été de déterminer quelle est la situation des personnes appelées à prendre en charge avec l'État les personnes malades et en perte d'autonomie. Les questions essentielles de notre recherche sont les suivantes :

- Quelle place occupent les familles dans la prise en charge des personnes dépendantes ?
- Qui, dans la famille, s'occupe principalement des soins aux proches dépendants ?
- Comment la prise en charge est-elle partagée et qu'est-ce qui motive les personnes à accomplir ce travail ?
- Que représente dans la vie quotidienne de la famille le fait de prendre soin d'un adulte dépendant ?
- Comment les personnes fournissant des soins distribuent-elles leur emploi du temps de manière à concilier prise en charge, travail salarié, vie personnelle, familiale et sociale ?

Le choix d'une méthode qualitative

Du fait des objectifs de notre recherche, nous avons opté pour des méthodes d'enquête empiriques et qualitatives. Celles-ci répondent aux exigences de l'investigation ouverte qui permet de cerner une problématique assez peu connue et d'en saisir les difficultés. Notre choix méthodologique s'appuie sur l'idée que l'approche qualitative permet de mieux comprendre la vie des personnes ainsi que leur manière de la voir. Elle permet de voir les multiples facettes de la réalité, d'en cerner la complexité de manière dynamique, d'en saisir le sens et le mouvement[4].

La problématique de la prise en charge

Dès l'abord, nous avons voulu, dans nos travaux de recherche[5], mettre en cause l'idée que la prise en charge des membres de la famille va de soi. Cette idée tient davantage du mythe que de la réalité. Comme toute autre activité sociale, la prise en charge implique des rapports sociaux, notamment des rapports entre les sexes. Tout le processus, depuis le choix de la personne responsable, son emploi du temps, jusqu'au partage des tâches et au lieu de leur réalisation, est déterminé par un ensemble de facteurs comme l'organisation sociale et la division sexuelle du travail, la socialisation des filles et des garçons, l'identification des filles et des femmes au *caring*, aux soins et au domaine de l'affectivité, les conceptions et les pratiques dominantes relatives aux rôles de l'État et de la famille, ainsi que la séparation des sphères privée et publique. Il ne s'agit pas de nier l'utilité et la capacité des milieux familiaux dans la prise en charge des personnes dépendantes. Encore faut-il dépasser le discours naturaliste de l'amour et des liens biologiques pour comprendre un tel phénomène et examiner ce qu'il recouvre dans la réalité et ce qu'il comporte de construits sociaux. Le fait de resituer la prise en charge par les milieux naturels dans une perspective de rapports sociaux et de rapports de sexes permet de le comprendre en tant qu'acte social et plus spécifiquement en tant que pratique admise dans une société donnée et influencée par le système des services sociaux et de santé de cette société.

La prise en charge des personnes dépendantes a lieu à une époque de réorientation et de réorganisation de la gestion du social. Des transformations importantes sont actuellement en cours. On conteste depuis trente ans maintenant l'institutionnalisation massive et à long terme des personnes malades ou handicapées : coûts trop élevés, effets négatifs produits sur les bénéficiaires comme la dépendance et l'isolement. À cette remise en question de l'institution s'ajoute depuis quelques années un second argument de taille pour alimenter le discours de la désinstitutionnalisation : la crise des finances publiques, qui affecte les budgets des gouvernements du Québec et du Canada.

La prédominance de l'approche néolibérale dans la gestion des finances publiques amène le discours politique à se prononcer en faveur de l'annulation de la dette des gouvernements et de la disparition des déficits annuels. La conséquence de ce discours a été que les gouvernements ont révisé les programmes sociaux afin d'en réduire les coûts. *Mutatis mutandis*, les politiques et les programmes relatifs aux soins des personnes dépendantes se sont adaptés à cette nouvelle réalité. Plus que jamais, on décèle cette nouvelle tendance dans les énoncés de politique ; les solidarités naturelles et communautaires sont appelées à prendre le relais de l'institution, les appels à la responsabilité des individus et de la communauté se multiplient. Les discours et les pratiques de plusieurs acteurs sociaux se conjuguent pour accroître les ressources du milieu dit naturel : réseaux d'entraide, bénévolat, ressources alternatives, famille, voisinage. Dans les discours sur la désinstitutionnalisation, une large place est faite au réseau communautaire auquel plusieurs politiques gouvernementales confient la mission de prendre en charge les personnes dysfonctionnelles, bien que le tissu communautaire soit en plus en plus insaisissable, particulièrement dans les contextes urbains. Par ailleurs, une forte tendance à l'individualisme vient s'opposer à l'idéologie communautaire comme mode d'organisation des rapports sociaux.

Le travail de prise en charge présente certaines particularités. Il s'ajoute aux autres formes de travail. Contrairement à la prise en charge institutionnelle, le travail de prise en charge familiale s'accomplit à la maison. Tout doit se réajuster en fonction de la prise en charge. La maison familiale n'est pas toujours le lieu le mieux adapté au travail de soins, notamment dans le cas de dépendance sévère. Les personnes soignantes ne bénéficient pas, comme les professionnels, de l'information, de la préparation, de la formation, de l'encadrement et des conditions nécessaires pour accomplir ce travail. La prise en charge est aussi un acte marqué par la division sexuelle ; les tâches qu'elle comporte s'apparentent à celles qui sont traditionnellement assignées aux femmes.

Facteurs et motifs de la prise en charge

L'équipe composée de Nancy Guberman, Pierre Maheu et Chantal Maillé travaille depuis plusieurs années sur la problématique de la prise en charge familiale et elle a mené à bien plusieurs projets de recherche.

Dans un premier temps, nous avons réalisé une étude sur les soignantes de personnes dépendantes : *Et si l'amour ne suffisait pas... Femmes, familles et adultes dépendants* (Guberman, Maheu et Maillé, 1991), dans laquelle nous avons tenté de décrire la vie des soignantes d'adultes dépendants. Basée sur une série d'entrevues[6], cette recherche qui s'est étendue sur trois ans avait pour objet de rendre compte de ce que signifie dans la vie de tous les jours, le fait d'être chargé de donner les soins nécessaires à une personne non autonome de l'entourage familial.

La recherche nous a permis de prendre conscience que la prise en charge n'est pas quelque chose de naturel et d'allant de soi. Ainsi, nous avons constaté que l'expression « milieux naturels » comporte des constructs sociaux. En plaçant la prise en charge par les milieux naturels dans une perspective de rapports de sexes, nous avons voulu saisir le propre de cette problématique en tant qu'acte social et en tant que pratique s'inscrivant à l'intérieur d'une société donnée et influencée par le système de santé et de services sociaux de cette société.

Cette enquête sur le terrain nous a aussi amenés à avoir une compréhension plus globale de la prise en charge familiale, car nous avons pu apercevoir que toutes les formes de prise en charge d'adultes, qu'il s'agisse de parents âgés, d'enfants adultes rendus invalides à cause de la maladie mentale, ont des caractères communs et que la prise en charge est une situation qui doit être considérée globalement et non uniquement sur le plan de l'individu.

Dans son ensemble, notre démarche nous a amenés à voir les aspects contraignants du discours sur la désinstitutionnalisation sur les soignantes dans une prise en charge. Au Québec, ce discours repose sur des idées préconçues telles que la solidarité qui lie les diverses communautés et la capacité des familles à s'occuper des personnes dépendantes.

Enfin, nous avons voulu montrer quels sont les enjeux politiques majeurs qui se dessinent pour les femmes dans ce contexte de partage des responsabilités entre l'État, les familles et la communauté.

Notre recherche avait aussi pour but de faire parler des personnes qui avaient la charge des proches dépendants, et leurs témoignages ont permis d'examiner trois aspects de leur réalité.

Les multiples formes que prend le travail de prise en charge

L'amour et la bonne volonté ne suffisent pas toujours pour répondre aux besoins souvent multiples d'un mère atteinte de démence sénile ou d'un fils psychotique en crise. On ne devient pas infirmière uniquement avec de bons sentiments ou à cause d'un lien de parenté. Nous avons cherché des traces du partenariat entre l'État, la famille et la communauté dans la prise en charge des adultes dépendants et nous n'avons trouvé que des fragments épars de partenariat, rien, selon les soignantes interviewées, qui puisse ressembler à une stratégie concertée entre les différents partenaires.

Nous avons étudié dans le cadre de cette recherche les motifs et les circonstances de la prise en charge. Nous avons constaté que les motivations exprimées par les femmes pour s'engager dans un processus de prise en charge sont à mettre directement en relation avec le contexte : on s'engage dans la prise en charge d'un proche parce qu'il n'y a pas de solution de rechange, on le fait parce qu'il y a urgence au moment présent sans penser que cela peut durer 15 ou 20 ans[7].

Un premier ensemble de motifs invoqués dans les témoignages renvoie à la personne soignante - ses besoins affectifs, ses sentiments, son apprentissage social, ses conditions de vie. Plus précisément, ces motifs font référence aux sentiments parentaux ou filiaux, aux liens affectifs, aux sentiments d'obligation, de résignation et de culpabilité, à la dépendance socio-économique, à l'espoir de guérison, aux sentiments religieux et anti-institutionnels, aux ressources pécuniaires et à la tradition familiale.

Un second ensemble de motifs se rapporte aux ressources familiales, communautaires et institutionnelles susceptibles de contribuer à la prise en charge de la personne adulte dépendante. La non-disponibilité des autres membres de la famille et la pauvreté des ressources institutionnelles et communautaires ont été mentionnées par plusieurs répondantes. Le troisième ensemble de motifs concerne la personne dépendante, c'est-à-dire son état de santé et les pressions que celle-ci exerce sur la soignante.

Les données de notre recherche montrent que la première catégorie de motifs, c'est-à-dire ceux associés à la personne soignante, domine nettement. Mais il s'agit d'un processus complexe où plusieurs motifs interviennent. Nous avons en effet constaté que la décision de prendre en charge un proche résulte d'un ensemble de facteurs.

L'enjeu sous-jacent à notre démarche de recherche était à la fois de nature théorique et politique. Sur le plan de la théorie, nous avons voulu montrer qu'il faut élargir notre conception du rapport travail-famille pour y inclure aussi la prise en charge d'adultes dépendants. On oublie trop que les responsabilités familiales peuvent prendre diverses formes et que, pour beaucoup de femmes, elles ne se limitent pas à prendre soin de jeunes enfants. Le fait d'avoir à s'occuper d'un conjoint invalide, d'un parent âgé en perte d'autonomie fait partie de la vie de tous les jours pour bon nombre de femmes.

Concilier le travail rémunéré et la prise en charge

En raison de la présence massive des femmes sur le marché du travail et de leur prédominance comme soignantes, nous avons voulu comprendre comment les femmes parviennent à concilier le travail et la prise en charge d'un proche. Dans *Travail et soins aux proches dépendants* (Guberman, Maheu et Maillé, 1993), qui a suivi la première recherche, nous avons plus particulièrement cherché à comprendre les modes de conciliation élaborés par les personnes ayant un emploi et s'occupant d'un proche dépendant. Comment arrive-t-on à concilier les exigences du travail salarié, de la prise en charge d'un adulte dépendant et les exigences de la vie personnelle et familiale ? Nous avons voulu déterminer si le milieu de travail pouvait soutenir les personnes vivant cette réalité ainsi que les limites des attentes à l'égard des programmes en entreprise destinés à aider les personnes qui essaient de combiner travail et prise en charge.

La recherche d'où est sorti *Travail et soins aux proches dépendants* comprenait trois volets :

1. des entrevues réalisées avec des femmes qui doivent concilier le travail salarié et la fourniture de soins à un proche. La décision d'interviewer seulement des femmes se base sur le constat fait dans la majorité des recherches de ce genre que ce type de situation concerne d'abord et presque exclusivement les femmes ;
2. une table ronde au cours de laquelle nous avons rencontré des personnes travaillant dans le milieu syndical, dans des organismes gouvernementaux, dans des groupes d'entraide ainsi que des chercheures qui, dans leurs travaux, ont touché à des problématiques connexes ;
3. enfin, une analyse documentaire de programmes américains et canadiens d'aide aux employés ainsi qu'un sondage auprès d'un certain nombre de grandes compagnies canadiennes et destiné à vérifier l'existence de programmes d'aide aux employés comportant ou non un volet de services pour soutenir la prise en charge d'adultes dépendants.

Une nouvelle réalité doit être portée à l'attention des employeurs : le nombre croissant d'employés qui doivent concilier travail et obligations familiales au sens généralement admis, soit enfant et conjoint, et qui en outre consacrent temps et énergie à un adulte de leur famille incapable de faire face à toutes les obligations de la vie quotidienne.

Partant du constat fait qu'on se préoccupe de plus en plus des ressources humaines en milieu de travail[8], nous avons supposé que l'entreprise serait amenée à jouer plus que jamais un rôle social important. Nous avons voulu donner aux milieux concernés l'accès à une information qui leur permette de faire une évaluation dynamique de la situation et d'élaborer des stratégies pour affronter cette nouvelle réalité. Si la combinaison du travail rémunéré et du travail de prise en charge nécessite à la fois des aménagements en milieu de travail et une modification des politiques et des programmes offerts aux personnes dépendantes, il faut cependant définir le rôle que les entreprises pourraient réellement jouer dans ce partenariat. Nous n'avons pas, quant à nous, d'attentes trop grandes en ce qui concerne le rôle de l'entreprise. En fait, c'est le rôle et les limites de tous les acteurs susceptibles d'être mis à contribution qu'il faut redéfinir. Mais qui sont les acteurs concernés ?

On peut en dénombrer sept : l'État, la famille, la personne soignante, la personne dépendante, la communauté, l'entreprise et les syndicats. C'est en gardant présente à l'esprit cette toile de fond que nous avons tracé le portrait des programmes offerts par les entreprises dans deux contextes différents, aux États-Unis et au Canada. Ce portrait est donné un peu plus loin.

Nous avons voulu en poursuivant cette recherche que les personnes chargées de mettre sur pied des politiques soient mieux informées, qu'elles aient accès à des renseignements qui diffèrent des données souvent théoriques qu'elles utilisent au moment de concevoir les programmes. En faisant circuler les renseignements concernant les personnes qui concilient travail et prise en charge, nous avons souhaité contribuer à lancer un débat sur les nouvelles réalités du marché du travail.

Jusqu'à maintenant, les problèmes découlant du cumul du travail et des responsabilités familiales ont surtout été envisagés du point de vue des tâches liées aux jeunes enfants. Les répercussions de la prise en charge des adultes dépendants sur le travail salarié ont été peu étudiées.

Notre enquête auprès des soignantes a révélé que le problème de la combinaison du travail et de la prise en charge est très peu connu des entreprises, qu'il est peu documenté et que c'est un sujet tabou pour les employés. On n'ose pas parler au travail d'une situation de prise en charge à la maison, de peur de se voir accoler l'étiquette « cas problème » et d'être l'objet de sanctions. On constate en effet un mutisme total de la part des employés aux prises avec une telle situation face à leur employeur. La peur de perdre son emploi, d'être perçu comme moins efficace peuvent expliquer cette attitude. Face à la maladie mentale, plus particulièrement, on se tait davantage, car s'ajoutent alors les préjugés à l'endroit de cette maladie.

L'entreprise face à de nouvelles réalités

Quels sont les facteurs qui amènent une entreprise à s'intéresser à la question des employés ayant des responsabilités de prise en charge ? Une analyse conduite aux États-Unis a révélé que les milieux de travail s'en préoccupent lorsque le problème gagne une certaine visibilité médiatique ou que cela devient une réalité vécue par plusieurs employés. Un autre élément peut inciter une entreprise à mettre sur pied des programmes d'aide : dans un marché hautement compétitif, la grande entreprise doit offrir des programmes qui motivent les meilleurs employés et qui limitent le roulement de personnel. Au Québec, le taux d'imposition des revenus étant élevé, il devient intéressant à la fois pour les entreprises et pour les employés de négocier des avantages sociaux non imposables et répondant à des besoins particuliers. Les programmes d'aide aux employés peuvent toucher différents aspects : garderies pour les enfants, programmes de santé pour les employés et leur famille, comprenant entre autres des services de consultation psychologique, des programmes antitabac, des centres sportifs, des congés pour responsabilités familiales, des congés sabbatiques, des plans de services pour proches dépendants, des programmes d'information et de référence pour des problèmes spéciaux, etc.

L'entreprise américaine et les programmes d'aide aux employés

Aux États-Unis, plusieurs grandes entreprises offrent à leurs employés des programmes destinés à faciliter la conciliation. En fait, dans cette société où le rôle de l'État en tant que créateur de programmes de santé et de services sociaux est moindre qu'au Canada, les entreprises ont été plus rapides et plus nombreuses à mettre sur pied un ensemble de mesures pour aider leurs employés à satisfaire aux besoins de leur vie privée[9]. Cependant, il semble que la tendance soit maintenant à l'abandon ce ces programmes, dont les coûts importants cadrent mal avec les récentes méthodes de rationalisation des effectifs et de réduction des frais de production que l'on a adoptées dans un contexte de globalisation des marchés.

Le système de santé et de services sociaux des Américains est tout à fait différent de celui du Canada. Il n'y a pas d'assurance-santé universelle, mais la population peut s'assurer auprès de l'entreprise privée et obtenir une couverture variable pour les frais liés à la santé. Cette assurance est souvent payée par l'employeur dans le cadre du programme d'avantages sociaux. Il existe des programmes gouvernementaux comme Medicare et Medicaid, qui supportent en principe les frais médicaux des personnes âgées. Cependant, la hausse vertigineuse des coûts de la santé dans les années 90 a limité l'accès à ces programmes. Combien d'employés ont-ils la responsabilité d'un adulte dépendant de leur famille ? Le nombre de situations de prise en charge dans une entreprise dépend des caractéristiques du personnel. De façon générale, on peut penser que la majorité des employés auront à faire face à cette situation à un moment ou à un autre de leur vie.

Quels sont les programmes offerts dans les entreprises américaines ? À cause, entre autres, des tendances démographiques et de la nature du système de santé et des services sociaux, ce sont d'abord les programmes pour les employés qui ont soin d'un parent âgé qui ont été mis sur pied. On peut ici mettre en parallèle le rôle joué par les entreprises en ce qui concerne l'assurance-santé : étant donné l'absence de régime étatique, celles-ci ont mis en place des programmes pour les employés, et c'est sans doute cela qui a entraîné la création de programmes d'aide aux employés s'occupant d'un parent âgé. D'autres facteurs favorisent la mise en route de ce genre de programmes dans les entreprises : la visibilité du problème, les ressources communautaires existantes, le rôle joué par le secteur public, les caractéristiques structurelles de la main-d'oeuvre (pourcentage de femmes, pourcentage de travailleuses plus âgées et présence d'un syndicat), la culture organisationnelle et la performance de l'entreprise en termes de main-d'oeuvre et de production[10]. Les programmes d'aide aux employés ayant soin de parents âgés s'inscrivent dans un contexte où l'on favorise les solutions venant du secteur privé au lieu de chercher à améliorer les services publics. Beaucoup de compagnies ont accepté de fournir une assurance à leurs employés, donnant ainsi l'illusion que l'ensemble de la population bénéficie d'une couverture en matière de soins de santé. Ces mêmes entreprises se montrent maintenant prêtes à jouer un rôle de premier plan dans la prise en charge de problèmes spéciaux chez leurs employés. Parce qu'elles adhèrent au credo de la liberté de l'entreprise dans un contexte où l'État se retire, les grandes compagnies iront jusqu'à offrir des programmes de soutien à leurs employés ayant charge d'un proche dépendant, et plus particulièrement un parent âgé, à cause de l'importance numérique de ce dernier groupe et de sa visibilité médiatique.

On peut ranger en deux grandes catégories les programmes mis sur pied dans les entreprises américaines. Dans la première figurent les programmes qui s'adressent à l'ensemble du personnel, comme les programmes d'horaires flexibles. La seconde catégorie, quant à elle, comprend des programmes qui intéressent spécialement les employés qui ont des responsabilités de prise en charge. On y trouve les programmes d'information et de référence, les services de soutien et les politiques d'horaires et de congés.

Selon un certain nombre d'études, les soignantes considèrent que le manque d'information est le principal problème. Les programmes d'information et de référence permettent donc de combler rapidement cette lacune. Les formules sont multiples : séminaires-midi, articles dans le bulletin de la compagnie, bulletins d'information sur les soins aux personnes âgées, bibliothèques de ressources, vidéos à l'intention des personnes soignantes. Les renseignements et les références sur les services, comme les maisons pour personnes âgées, peuvent être fournis par téléphone ou en personne. C'est l'employeur qui charge une firme de consultants de donner ces renseignements. Les contacts par téléphone avec les personnes-ressources épargnent temps et argent aux entreprises, et c'est d'ailleurs la solution la plus pratique lorsque les employés travaillent loin du siège social.

Les services de soutien regroupent une gamme variée de mesures : consultations personnelles pour les employés, avantages sociaux à la carte (possibilité de choisir parmi un ensemble d'options ; par exemple les femmes ayant de jeunes enfants opteront pour la garderie en milieu de travail, alors que celles qui s'occupent d'un parent âgé opteront pour des services d'accompagnement), centres de jour destinés aux parents âgés et gérés par les entreprises. Citons, pour illustrer ce dernier exemple, le cas de la compagnie américaine Stride Rite, qui avait déjà une garderie dans une de ses succursales et qui a créé un centre de jour inter-générations où les personnes âgées ayant besoin de soins trouvent de l'aide et peuvent aussi passer quelques heures avec les enfants de la garderie.

Un troisième ensemble de mesures groupe les politiques d'horaires et de congés. Il arrive souvent que les employés qui ont la charge d'un proche ont à régler des problèmes pendant leur travail car beaucoup de services publics ne sont ouverts que durant les heures de bureau. L'utilisation du téléphone au travail est donc indispensable. Mais il peut aussi se présenter des situations d'urgence nécessitant une présence en personne, ce qui oblige l'employé à s'absenter du travail. De nombreuses entreprises prévoient la possibilité d'aménagements informels en termes d'horaires. Mais l'absence de règles formelles oblige souvent les employés à négocier ces conditions. Les employés faisant face à une situation d'urgence se déclarent parfois malades pour s'absenter du travail ; pour éviter ces mensonges forcés, certaines entreprises offrent des heures ou des journées de congé personnel dont l'employé peut disposer sans avoir à se justifier. S'ajoutent aux mesures de flexibilité d'horaires, les mesures de flexibilité du lieu de travail ; après le *flex time*, on parle de plus en plus du *flex place*, c'est-à-dire le travail à la maison. Ce type d'organisation du travail facilite grandement l'aménagement du temps de plusieurs employées qui doivent être présentes auprès d'un proche dépendant.

Les limites des programmes américains

Les mesures mises sur pied dans les grandes entreprises américaines demeurent fragiles, et on peut débattre la question de leur utilité et de leur efficacité. Tout d'abord, l'existence des programmes semble directement liée à la santé financière des entreprises. Ces services sont considérés comme des avantages sociaux et, dans un contexte économique difficile, les compagnies ont tendance à les supprimer. Rien ne garantit donc leur survie, et l'on ne saurait en faire le point d'ancrage d'un programme social de partage des responsabilités lorsqu'il y a à la fois travail rémunéré et soins à donner à un proche dépendant. Dans un contexte de récession, où la concurrence entre les entreprises augmente, il se pourrait que celles-ci décident d'abolir ces programmes. De plus, les mêmes services ne sont-ils pas offerts par l'entreprise et par l'État ? Il faut aussi considérer qu'à l'heure actuelle une infime proportion de la population active travaille dans des entreprises qui ont la taille et les ressources nécessaires pour offrir des programmes d'aide aux employés. Il serait peu réaliste d'envisager l'instauration de programmes d'envergure dans de petites entreprises ou dans le secteur public alors que les conditions de travail des fonctionnaires sont constamment revues à la baisse.

Les entreprises canadiennes

Les réalités canadienne et québécoise diffèrent très largement de la réalité américaine pour ce qui est des rôles respectifs de l'État et de l'entreprise en matière de mesures sociales. L'État canadien intervient davantage, et ce, au moyen d'un éventail de politiques fiscales et sociales qui s'apparentent à celles qui sont propres à l'État-providence. Même si la contribution de l'État a, sous ce rapport, diminué considérablement depuis la fin des années 70, il reste que toutes les provinces ont un système universel de soins de santé et un ensemble de politiques sociales gérées par les provinces, mais financées en partie par les transferts du gouvernement fédéral.

Le taux de taxation est aussi plus élevé au Canada qu'aux États-Unis, corollaire des programmes financés par l'État. Dès lors, comment définir le rôle de l'entreprise à l'égard des besoins des personnes soignantes ? Quelles formes peut prendre le partenariat entre l'État, l'entreprise, les syndicats, la personne soignante, la personne dépendante et la communauté ? Rappelons que le niveau d'intervention étatique est élevé et que les attentes à l'égard de l'État sont fortes, tant de la part de la population que de l'entreprise, qui n'a pas eu jusqu'à maintenant à jouer un rôle de dispensateur de mesures sociales.

L'ampleur du problème

Nous ne disposons pas de données d'ensemble pour évaluer le nombre de personnes qui doivent concilier travail salarié et prise en charge. Une étude réalisée en 1989 auprès de 400 entreprises canadiennes[11] et portant sur les lignes de conduite en matière d'aide aux employés a révélé que ce sont surtout les grandes compagnies et les entreprises du secteur public qui offrent des programmes d'aide aux responsabilités familiales. Certains facteurs semblent avoir une incidence sur l'introduction de programmes d'aide aux responsabilités familiales : la qualité des relations entre employés et employeurs, la conviction que les problèmes familiaux affectent la productivité des employés et que de tels programmes peuvent augmenter leur compétitivité. Souvent, conclut l'étude, les entreprises ne mettent pas sur pied de programmes d'aide aux responsabilités familiales parce que les employés ne les demandent pas. Si les employés ne formulent pas de demandes précises, la direction n'agira que lorsque les responsabilités familiales auront un effet négatif sur le rendement de l'entreprise. Mais il n'est pas toujours facile pour les employés de faire part des problèmes qu'ils vivent à la maison. On craint que cela ne nuise à son emploi ; en période de compressions de personnel, les employés peuvent vouloir éviter que leurs problèmes personnels ne finissent par être connus pour prévenir une mise à pied. En dernière instance, plusieurs employeurs considèrent qu'il revient aux employés et non à l'entreprise de trouver des solutions aux problèmes résultant de la combinaison du travail salarié et des responsabilités familiales. Mais les résultats de cette étude font aussi ressortir que les syndicats ne se sont pas empressés de demander des programmes d'aide aux travailleurs et travailleuses ayant des responsabilités à supporter dans la vie privée.

Dans notre sondage sur les grandes entreprises canadiennes, 12 compagnies sur les 20 sondées ont répondu qu'elles offraient un programme d'aide aux employés comprenant diverses mesures destinées à faciliter la conciliation de l'activité salariée et de la prise en charge, comme les horaires flexibles, des congés d'urgence, des programmes pour soins aux parents âgés ou encore des programmes pour la garde des enfants.

Les politiques et les programmes d'aide aux personnes dépendantes et les effets sur les soignantes

L'équipe de recherche a commencé à exécuter un troisième projet de recherche[12], lequel porte sur les effets des politiques de maintien à domicile des personnes dépendantes sur la vie professionnelle des soignantes de ces dernières. Cette fois-ci, nous avons cherché à vérifier si les services offerts aux personnes dépendantes qui sont prises en charge en milieu familial ont un effet sur l'insertion des soignantes dans le monde du travail. La démarche méthodologique adoptée pour ce projet comprend quatre modes de collecte des données : l'analyse documentaire des politiques et des programmes, l'analyse des dossiers des personnes dépendantes, une série d'entrevues de groupe avec des professionnels et professionnelles responsables de l'allocation des ressources aux soignantes de personnes dépendantes et, enfin, des entrevues avec des soignantes salariées ou ayant quitté leur emploi en raison des responsabilités liées à la prise en charge.

Les résultats fragmentaires obtenus à ce jour indiquent que l'évaluation des besoins des personnes dépendantes sur laquelle est basée la prestation de services offerts ne comprend pas une évaluation des besoins de la soignante en termes d'aide à la prise en charge. Il y a donc un effet considérable sur la vie au travail, non pas seulement sur la trajectoire de travail des soignantes, mais aussi et surtout sur la vie de tous les jours au travail.

Cela nous amène à penser que nos choix de société doivent être pensés directement en rapport avec les réalités de la prise en charge. Les modalités suivant lesquelles se fait la prise en charge, c'est-à-dire l'existence de services, leur accessibilité, leur coût et leur flexibilité, tout cela influe directement sur les conditions dans lesquelles la soignante accomplit son travail de prise en charge et son travail rémunéré. Nous n'avons pas terminé l'étape de la collecte de données pour ce projet, mais il nous apparaît déjà que l'acte de conciliation doit être regardé comme un processus complexe où il importe de mettre en lumière les conditions découlant de la conciliation.

Conclusion

L'idée de créer un véritable partenariat à propos de la prise en charge des adultes dépendants est plus que jamais la voie de l'avenir. Seul un véritable partenariat permettra de répondre efficacement aux besoins des personnes dépendantes (besoins de soins et aussi besoin de dignité), des familles et des femmes qui sont au coeur d'une situation de prise en charge.

Cela signifie que ce partenariat doit se concrétiser autrement que par des énoncés de politique remplis de voeux pieux sans mesures concrètes. Ce partenariat, croyons-nous, devra s'adresser à l'ensemble de la société. Les employeurs, les syndicats et les milieux communautaires peuvent jouer un rôle dans ce partenariat.

Le rôle des entreprises

Selon nous, le monde du travail n'a pas le choix de répondre à moyen terme aux besoins des employés ayant des adultes dépendants à leur charge. En les aidant à concilier les exigences du travail et celles des soins à un proche, les entreprises améliorent la qualité de vie de leurs employés. De plus, il en résultera fort probablement une augmentation de la productivité et un roulement minimal du personnel.

La reconnaissance sociale

Il faut exiger la reconnaissance sociale de cette responsabilité qu'est la prise en charge. Nous sommes en présence d'une question qui concerne toute la société et qui ne saurait être ramenée à une affaire privée, renfermée dans les limites de la famille. L'État doit assumer un leadership en révisant les lois qui régissent les normes du travail afin d'admettre cette reconnaissance parmi les droits sociaux.

Les attentes vis-à-vis des familles et des femmes

Étant donné le fardeau que représente la prise en charge d'un proche adulte dépendant ainsi que les besoins et les désirs des personnes dépendantes, il faut modifier les attentes à l'égard des familles et s'orienter vers des politiques d'autonomie des personnes dépendantes et vers un projet d'insertion sociale de ces dernières.

Notes

1. Ce texte présente les résultats de plusieurs recherches menées par l'équipe formée de Chantal Maillé (Université Concordia), Nancy Guberman et Pierre Maheu (UQAM).
2. Notre approche s'inspire des travaux de J. Finch et D. Groves : *A Labour of Love : Women, Work and Caring*, Londres, Routledge and Kegan Paul, 1983.
3. Pour un exposé sur le partenariat ayant rapport aux personnes dépendantes et une critique des programmes mis sur pied dans les milieux de travail, voir N. Guberman, P. Maheu et C. Maillé, *Travail et soins aux proches dépendants*, Montréal, Éditions du Remue-ménage, 1993.
4. Nous nous sommes plus particulièrement inspirés de deux auteurs : Daniel Bertaux, « L'approche biographique, sa validité méthodologique, ses potentialités », *Cahiers internationaux de sociologie*, LXIX, 1980, Paris, et Anselm Strauss, *Qualitative Analysis for Social Scientists*, Cambridge University Press, 1987, p. 319.
5. Voir N. Guberman, P. Maheu et C. Maillé, *Et si l'amour ne suffisait pas...Femmes, familles et adultes dépendants*, Montréal, Éditions du Remue-ménage, 1991.
6. Méthodologie de la recherche : pour les fins de cette recherche, nous avons réalisé 38 entrevues semi-directives, très majoritairement avec des femmes. Notre étude était de nature exploratoire, c'est pourquoi il convient de spécifier que notre échantillon était non représentatif.
7. La question des motifs invoqués par les personnes soignantes pour prendre en charge un adulte dépendant a été explorée plus en profondeur dans : N. Guberman, P. Maheu et C, Maillé, « Why Do Women Care ? » *The Gerontologist, American Journal of Gerontology*, 32, 5, 1992.
8. C'est le constat fait par G. Legault dans *Repenser le travail. Quand les femmes accèdent à l'égalité*, Montréal, Liber, 1991, p. 9.
9. Voir entre autres le document de D. Wagner et coll., *Employees and Eldercare : Designing Effective Responses for the Workplace*, University of Bridgeport, National Council of the Aging, Centre for the Study of Aging, 1989.
10. Selon l'étude de Judith G. Gonyea, « The Politics of Elder Care in Corporate America : A Conceptual Framework for Understanding Corporate Responsiveness », conférence présentée à l'Annual Meeting of the Gerontological Society of America, San Francisco, 1991.

11. Hélène Paris, *Corporate Response to Workers With Family Responsibilities*, A Conference Board of Canada Report from the Compensation Research Centre, 1989.
12. Projet "Femmes soignantes, travail salarié et politiques sociales de maintien en milieu naturel des personnes dépendantes", financé par le Conseil de recherches en sciences humaines du Canada, 1992-1995.

5

Familles immigrantes et société d'accueil

MICHÈLE KÉRISIT, Université d'Ottawa

Née d'une réflexion sur la pratique du service social en milieu pluri-ethnique, cette présentation a pour but de poser quelques jalons conceptuels pour penser la « famille immigrante ». Elle part du principe selon lequel une intervention auprès de familles d'origine socio-culturelle différente de celle de l'intervenante ou de l'intervenant ne peut être réussie que si elle ou il a développé des outils conceptuels pour comprendre, au sens anthropologique du terme, ce qui constitue la spécificité des reconfigurations familiales accompagnant les processus d'immigration.

Dans un premier temps, nous examinerons les processus inhérents au projet migratoire qui amènent à considérer la « famille immigrante » comme une réalité qui va de soi pour l'intervenant, mais qui, du point de vue du projet des familles elles-mêmes, ne relève pas nécessairement de l'intervention. Ensuite, nous examinerons les logiques juridiques, politiques et économiques propres à l'accueil des immigrants au Canada et leurs effets sur la dynamique des relations intrafamiliales. Il nous semble, en effet, que ces logiques placent les familles nouvellement arrivées dans des situations paradoxales qui entraînent une redéfinition des positions respectives du père et de la mère dans les familles. Notre objectif est donc non pas de proposer des pistes concrètes d'intervention auprès des familles, mais de dégager certains axes autour desquels peut se repenser l'intervention.

Avant d'entreprendre une telle démarche, il nous faut d'abord préciser que les familles immigrantes ne constituent pas un groupe homogène, également exposé aux logiques dominantes des processus d'immigration et d'intégration en société canadienne. Ces processus impliquent en effet des rapports sociaux de sexe, d'ethnicité et de classe, construits au Canada et dans le pays d'origine des familles. L'expérience d'insertion économique des membres d'une famille immigrante blanche originaire des États-Unis ou de France est en effet fort différente de celle d'une famille originaire de Somalie, du Congo ou du Cambodge[1]. Les configurations familiales d'origine diffèrent également entre elles : les rapports entre conjoints, entre générations et avec l'ensemble de la parenté varient selon que la famille est originaire d'Italie, du Rwanda ou de l'Inde. Nous devrons pourtant tenir compte de l'importance de la famille étendue dans la plupart des contextes socio-culturels d'où sont originaires la grande majorité des immigrants à l'heure actuelle, qu'ils viennent du Moyen-Orient, d'Afrique ou d'Asie (Vatz Laaroussi, 1993). Enfin, les origines rurales, urbaines, de classe et de caste influent diversement sur la façon dont les familles vivent la migration et l'intégration. Nous n'avons pas la prétention de vouloir traiter de l'ensemble des problèmes posés par l'immigration à toutes les familles qui s'installent au Canada. En raison de notre optique d'intervention sociale, nous avons choisi de mettre en lumière les difficultés de l'immigration en famille, difficultés qui découlent de la logique propre au processus d'immigration au Canada et aussi de certaines conditions présentes dans les pays d'origine. Ce sont surtout de familles originaires de pays du Sud dont il sera question dans ce chapitre; rappelons simplement que les frontières entre le Nord et le Sud, entre l'Occident et l'Orient, ont considérablement changé au cours de ce siècle (Hawkins, 1991).

    Avant de nous attacher à cerner les effets des logiques canadiennes d'immigration sur les familles venues s'installer ici, il nous semble nécessaire de préciser ce que signifie, pour nous, immigrer. Toute immigration suppose un mouvement contraire : l'émigration. Moro (1993 : 162) décrit ce double mouvement dont nous verrons les conséquences. Migrer, selon elle, c'est émigrer, quitter, perdre l'enveloppe des lieux, des sons, d'odeurs, de sensations de toutes sortes qui constituent les premières empreintes sur lesquelles s'est établi le codage du fonctionnement psychique ; et aussi immigrer, c'est-à-dire reconstruire seul, en l'espace de quelques années, ce que des générations ont lentement élaboré et transmis.

    Les publications traitant de l'intervention auprès des familles immigrantes portent pour la plupart sur la seconde étape de la migration, à savoir l'installation dans le pays d'accueil (Bertot et Jacob, 1991 ; Heneman et coll., 1994). Les descriptions des situations prémigratoires font état très souvent du passé traumatique des réfugiés (Beiser, 1988 ; Mills 1993 ; Bernier, 1993). L'intervention auprès des familles immigrantes consiste le plus souvent à faciliter l'acte de reconstruction solitaire dans une société d'accueil considérée comme stable. L'émigration en tant que telle fait pourtant partie de la réalité des familles immigrantes. Entre le départ et l'intégration, le présent de la vie de famille oscille entre la nostalgie et l'espoir. On ne perd l'« enveloppe des lieux » que pour s'arrêter à un projet, fut-ce la survie, comme dans le cas de familles réfugiées. C'est pourquoi, quand un immigré raconte son parcours (Peressini, 1994) ou quand la fiction s'empare de projets migratoires familiaux, l'essentiel est de chercher à accorder entre eux trois moments de la migration : le passé projeté dans l'avenir, le présent de la migration avec tout ce qu'il comporte de nostalgie et un futur où vient s'inscrire la réussite personnelle ou familiale. Ces trois moments amènent un kaléidoscope d'identités qu'il s'agit de se réapproprier en fonction de sa position dans le couple ou dans la famille. Immigrer en famille, c'est donc gérer des identités multiples, qui se forment en suivant les lignes de fracture entre les générations et les personnes en couple.

De plus, l'acte d'émigrer engage non seulement ceux qui partent mais aussi ceux qui restent. La migration change les rapports que l'on entretient avec ceux qui sont restés « là-bas » (le plus souvent les grands-parents et souvent les parents, la fratrie et la parenté), ainsi que les rapports entre ceux qui sont nés au pays et ceux qui sont nés en pays d'accueil. L'immigration ne consiste donc pas uniquement à s'intégrer dans un nouveau milieu, elle fait resurgir aussi d'anciens « codages du fonctionnement psychique » et une symbolique familiale propice aux mythologies et aux remords.

L'analyse de l'immigration en famille doit tenir compte de la première étape de toute migration, qui consiste à se dé-partir du sens que l'on assigne à un environnement physique, social, psychologique et spirituel, environnement toujours présent dans le pays d'origine, environnement transformé par le mouvement de l'histoire de celui-ci depuis le départ ou environnement préservé dans la mémoire familiale. Une intervention qui oublie la question de l'*émigration* risque de rejeter dans un présent hégémonique et in-sensé des problèmes qui relèvent de la reconstruction personnelle et familiale de liens avec un imaginaire culturel. Elle omet de considérer le sens donné à l'une des actions marquantes de la vie du migrant : s'être dissocié de l'enveloppe de sens construite patiemment par les générations qui l'ont précédé. Immigrer, c'est être coupable d'avoir changé. Ce qui implique de se forger, à l'aide de stratégies complexes, des identités signifiant à la fois la rupture et la continuité (Vatz Laaroussi et coll., 1996 ; Peressini et Meintel, 1993).

Il n'y a certes pas lieu de nier que les familles immigrantes font face à des contraintes sociales liées aux dispositifs juridiques, économiques et politiques canadiens. Cela ne peut toutefois être compris qu'en prenant en compte le double mouvement dont nous avons parlé plus haut. Ce sont ces contraintes que nous chercherons maintenant à décrire afin de mieux saisir leur importance dans la reconstruction des identités au sein de la famille qui s'installe au Canada.

Logiques de l'immigration

L'immigration au Canada signifie davantage que le fait de débarquer à l'aéroport de Montréal, de Toronto ou de Vancouver, dans un pays inconnu dont les repères sont à découvrir, dont la langue est inconnue et dont les institutions sont encore mystérieuses. L'immigration au Canada exige de se débrouiller, bien ou mal, avec un certain nombre de démarches bureaucratiques et juridiques et d'attendre un statut une fois celles-ci accomplies. Attente de l'obtention du statut de résident permanent pour celui ou celle qui est demandeur d'asile, de l'obtention du statut de citoyen à part entière pour celui ou celle qui a obtenu le statut de résident permanent. C'est aussi, souvent, attendre, dans l'enchevêtrement des décisions du ministère de la Citoyenneté et de l'Immigration du Canada, de pouvoir faire venir un conjoint, des enfants, une soeur, une mère ou un beau-père ; attendre que sa famille soit « au complet ». C'est encore attendre de pouvoir continuer à suivre une carrière ou à exercer un métier. Immigrer c'est donc attendre. Attente ponctuée par la réception de « papiers » qui certifient l'acquisition des droits sociaux et des droits civiques inhérents à la citoyenneté canadienne. Attente qui peut durer des années, en particulier pour des familles originaires des pays du Sud. C'est dans cette attente que débute la deuxième étape de l'émigration, la reconstruction de soi évoquée par Moro (1993 :162). Reconstruction de soi qui se joue aussi sur le plan des rôles familiaux quand on est père ou mère.

Cette « reconstruction en attente » ou cette « attente reconstructive » doit tenir compte de trois sortes de logiques propres au pays d'accueil. Celles-ci se rapportent aux droits garantis aux immigrants ainsi qu'aux deux axes constitutifs de la vie de famille : celui du mariage et celui de la succession des générations. La *logique juridique*, à l'oeuvre dans la loi sur l'immigration, spécifie les relations légales de couple et de filiation. Elle sélectionne ceux et celles que l'on peut faire venir au pays comme parents légitimes. La *logique politique*, exprimée dans les politiques sur le multiculturalisme[2], a pour objet de favoriser la transmission des cultures d'origine en venant en aide aux « communautés » ethno-culturelles et, ainsi, d'intégrer de façon non conflictuelle et symbolique les nouveaux arrivés dans la société canadienne (Fleras et Elliott, 1992). La *logique économique*, enfin, préside à l'acceptation des nouveaux arrivants : la personne reçue comme résidente permanente doit en effet démontrer ses capacités d'insertion économique (emploi ou investissement) ou, dans le cas d'une réunification éventuelle des familles, l'existence de liens de parenté avec une personne considérée comme économiquement autonome au Canada[3].

La logique juridique

La loi sur l'immigration régit la vie des familles immigrantes et les constitue précisément comme immigrantes en les définissant légalement. Rappelons brièvement les dispositions de cette loi en centrant l'attention sur ce qu'elle dit de la famille. Dans sa démarche d'immigrant, un requérant ou une requérante du droit de résidence permanente doit solliciter la permission de s'installer au Canada. L'individu doit alors s'inscrire dans la catégorie[4] des requérants « indépendants ». Le traitement de sa demande comporte le recours à une liste servant à attribuer des points en fonction de critères[5] définis par la loi et les règlements. Le demandeur qui reçoit un nombre de points suffisant peut être appelé à passer une entrevue avec un agent d'immigration qui détermine, en dernier ressort, s'il est capable de s'intégrer rapidement dans la société canadienne. La catégorie à laquelle appartient ce demandeur, qui *seule* permet l'accès au Canada de familles nouvelles, concerne uniquement la reconnaissance de l'individu comme « immigrant ».

La loi sur l'immigration a donc prévu d'autres catégories d'immigration pour permettre la réunification des familles. Dans certains cas, les conjoints et les enfants du requérant peuvent être ajoutés à la demande principale. Quand il a déjà obtenu la résidence permanente, le requérant principal est autorisé à parrainer certains membres de sa famille. La loi – article 2 (1) du Règlement sur l'immigration – définit alors qui peut être considéré comme appartenant à une famille « immigrable » : la conjointe ou le conjoint légal[6] ; la fiancée ou le fiancé[7] ; les enfants à charge ; le père, la mère ; les grands-parents âgés d'au moins 60 ans, à condition d'être incapables de tenir un emploi ou d'être veufs ou veuves ; les frères, sœurs, neveux, nièces ou petits-enfants orphelins ou mineurs ; un mineur que le parrain éventuel souhaite adopter.

L'installation dans ces conditions au Canada contribue à créer une dynamique intrafamiliale marquée par la « dépendance » de certains de ses membres, dans la mesure où le demandeur principal (« indépendant ») s'engage à subvenir aux besoins essentiels de ses dépendants pendant dix ans et à rembourser le gouvernement fédéral de toute somme que la personne parrainée pourrait avoir reçue à titre de prestation d'aide sociale pendant la durée du parrainage[8]. Quant aux membres de la famille d'origine non mentionnés à l'article 2(1) du Règlement sur l'immigration, ils doivent pouvoir répondre aux critères appliqués aux « indépendants ». S'ils s'y conforment, ils reçoivent des points supplémentaires au titre de « parents aidés ».

La logique juridique suppose donc que la famille immigrante est une famille nucléaire marquée par la dépendance d'une génération par rapport à une autre. Dépendance des enfants à l'égard de leurs père et mère, et aussi des grands-parents, ceux-ci ne pouvant exercer un emploi et devant correspondre à l'image traditionnelle de la vieillesse inactive ; quant à la fratrie ou aux neveux et nièces, ils sont assimilés à des enfants puisqu'ils doivent être mineurs ou orphelins.

Les dispositions de la loi sur l'immigration mettent ainsi l'accent sur un système familial relativement pauvre, se distinguant par la force des liens verticaux immédiats (axe de la filiation) plutôt que par les liens de parenté horizontaux (axe de l'alliance[9]). Or, ces liens par alliance sont d'une importance capitale non seulement dans certaines sociétés dont sont originaires la plupart des immigrants actuels (Asie du Sud-Est, Chine, Moyen-Orient) (Badets, 1993), mais aussi dans les pays d'origine des immigrants établis de longue date, en particulier ceux du sud de l'Europe méditerranéen (Italie, Grèce et Portugal).

Alors que cette réunion de l'alliance et de la filiation, constitutive de toute famille, est susceptible de variations, de choix et d'évolutions multiples dans le milieu social d'origine, par une logique juridique proprement canadienne, la famille immigrante est soumise à une double contrainte : d'une part, elle doit se fondre dans un moule caractérisé par la pauvreté des liens de filiation tels que nous les connaissons en cette fin du XXe siècle au Canada (Tahon, 1995 : 25) ; d'autre part, elle a de la difficulté à établir des alliances matrimoniales avec d'autres familles en raison de l'absence de rapports sociaux extensifs au sein de la société canadienne. Cette dernière difficulté a conduit et conduit toujours de nombreuses familles immigrantes originaires des pays du Sud à adopter une double stratégie. Ou bien une famille s'allie, par le mariage de ses enfants, à des familles originaires du même pays, de la même région et de la même classe ou caste, qui ont elles-même fait le choix d'immigrer au Canada. Ou bien une famille recourt aux membres de la parenté restés au pays pour trouver un conjoint à leurs enfants, en particulier à leur fille (Das Gupta, 1994). Dans les deux cas, le principe suivi a pour but d'éviter une « mésalliance » et il peut occasionner des drames au sein de familles immigrantes qui ont conservé certains traits des structures familiales traditionnelles. Les enfants, qui ont grandi dans un contexte canadien, participent, en effet, le plus souvent aux normes du libre choix du conjoint et de l'expérimentation dans la recherche du partenaire (Meintel et Le Gall, 1995)[10]. Les conflits entre parents et enfants, parfois aggravés du fait de la présence des grands-parents, concernant le choix du partenaire ou la fréquentation d'amis de l'autre sexe, sont l'un des problèmes récurrents que l'on rencontre dans l'intervention auprès des familles immigrantes.

Se pose dès lors très concrètement la question de la transmission des « traditions ». Du fait de l'univers sociologique familial qui est le sien, la première génération immigrante est portée à transmettre non seulement la langue et les coutumes du pays d'origine, mais encore les valeurs attachées aux rôles et aux places de chacun des sexes au sein de la famille. Pour les membres de cette génération, les rôles et places sont précieux parce qu'ils permettent de maintenir la structure familiale, tant dans sa dimension sociale que symbolique, en dépit de l'émigration et de l'immigration. La *logique juridique* de l'immigration, par les catégories d'immigrants qu'elle établit, retravaille l'expérience familiale aussi bien sous le rapport des capacités de survie matérielle que sous celui des dimensions de socialisation des sexes.

Une autre conséquence de la *logique juridique* a trait aux liens de dépendance imposés à certains membres de la famille qui immigrent, liens de dépendance et de subordination renforcés en particulier par le parrainage. En effet, le système de parrainage qui régit l'arrivée du conjoint et des parents de celui ou de celle qui immigre l'oblige à subvenir aux besoins matériels de ses « dépendants » pendant dix ans[11]. Ces liens de parrainage accentuent les inégalités entre les sexes et les générations dans la famille. Ils créent en effet une série de dettes et d'obligations qui rendent les rapports au sein du couple particulièrement fragiles du fait qu'ils donnent au parrain (le plus souvent, le mari) un pouvoir qu'il exerçait différemment dans son pays d'origine (Côté et coll., à paraître). Cette dépendance structurelle s'ajoute aux rapports sociaux de sexe déjà existants et aggrave les difficultés propres aux conjointes immigrantes, telles que la difficulté d'accès aux cours de langue anglaise ou française ou de formation professionnelle, la lourdeur des tâches, l'isolement, l'absence d'un soutien apporté par un réseau de parents et d'amis, en particulier de sexe féminin (Lamotte, 1988). Les familles immigrantes se trouvent donc souvent dans un dilemme qui nuit à l'accomplissement du projet familial : d'une part, il leur est demandé de s'intégrer à la « société canadienne », et ce le plus rapidement possible, et, d'autre part, la formation d'une « famille légitime » exigée par la logique de l'immigration a tendance à renforcer, tout en les déformant, les liens de subordination déjà présents dans la famille.

La logique politique

Ordinairement, après trois ans révolus, tout résident permanent, qu'il ait obtenu son statut en tant que requérant indépendant ou non, peut demander le statut de citoyen canadien à part entière. Cependant, nous avons vu que la structuration juridique de la famille immigrante par le régime du parrainage inscrit l'acte d'immigrer dans une durée qui excède ce terme fixé par la loi. Nous avons également vu que la question de la socialisation des enfants d'immigrants dans la continuité avec le pays d'origine était souvent cruciale pour la formation de la « famille immigrante ». Les familles immigrantes sont alors forcées de s'interroger sur la forme que prendront les nouveaux rapports entre leurs membres et entre ceux-ci et la société d'accueil. Or ces rapports sont aussi colorés par les politiques fédérales et provinciales en matière de multiculturalisme. Ces politiques reconnaissent aux groupes autres que les deux peuples dits fondateurs le droit de promouvoir l'enseignement de la langue d'origine et, grâce à l'octroi de subventions, elles permettent à certains groupes de mettre sur pied des organismes représentatifs qui s'emploient à organiser des fêtes et des célébrations propres aux pays d'origine. Ce faisant elles visent à socialiser les enfants dans les traditions culturelles, linguistiques et religieuses d'origine.

Il est de bon ton, actuellement, de dire de ces politiques qu'elles ont conduit à la fragmentation ethnique du Canada, à la folklorisation des cultures nationales des Néo-Canadiens. Elles auraient été récupérées par des élites « ethniques » qui les utiliseraient à leurs propres fins. Le fait d'avoir ajouté la lutte contre le racisme et la discrimination à la loi sur le multiculturalisme n'y changerait pas grand-chose. Notre intention n'est pas d'engager un débat sur les effets bons ou mauvais que ces politiques ont eus sur les questions nationales qu'agitent les Canadiens depuis la Commission sur le bilinguisme et le biculturalisme. Deux points méritent toutefois être signalés.

D'une part, en encourageant, en vertu de la politique officielle de reconnaissance des différences culturelles, la création d'espaces communautaires, les politiques multiculturalistes permettent de renouer avec l'« enveloppe de sens » à laquelle fait allusion Moro (1993). C'est dans les fêtes communautaires ou les organismes communautaires d'aide aux familles immigrantes et réfugiées que l'on peut réentendre des sons familiers, se rappeler les odeurs et les goûts, se resourcer. Les « petites patries » au coeur des grandes villes cosmopolites canadiennes répondent également à cet intérêt, ainsi que le remarque Médam (1989 : 144) : « il s'agit, dans toute l'extensivité des rapports sociaux, de préserver [...] une intensité suffisante des relations humaines. Dans la contingence, il s'agit de sauver le sens. Dans le polymorphe, de maintenir des formes. Dans le disparate, de sauvegarder des cohésions. » Les immigrants soulignent souvent l'importance des fêtes communautaires et des rapports informels entretenus dans les organismes communautaires. Ils profitent alors de l'occasion de partager entre parents et enfants des souvenirs, dans un succédané du pays quitté[12], d'être mis en contact avec des membres de la communauté au sein de laquelle se noueront des « alliances ». Ces politiques multiculturalistes ont donc un sens dans la mesure où elles aident partiellement à la reconstruction de l'identité de celui ou de celle qui est précisément en « rupture d'identité », dans la mesure où elles facilitent la démarche de socialisation entreprise dans la famille et où elles procurent à celle-ci un milieu plus large que celui que peut lui offrir un contexte économique et social généralement hostile, comme nous le verrons plus loin.

Cependant, ces politiques multiculturalistes, en permettant aux familles immigrantes d'établir un équilibre qui est nécessaire à leur intégration dans la société d'accueil, tendent paradoxalement à les renvoyer à un passé révolu, parfois idéalisé et artificiellement reconstruit, à des éléments d'une culture et à des comportements sociaux qui n'ont parfois plus cours dans le pays d'origine. Elles effacent le décalage qui existe entre l'image projetée et entretenue d'un pays qui n'existe plus et l'expérience réelle de ceux qui sont restés « au pays » et ont évolué avec le temps. L'idéalisation et le caractère artificiel des reconstructions « officielles » d'une culture d'origine peuvent avoir pour effet de figer des normes et des valeurs, notamment sur le plan de l'autorité parentale et de l'autorité masculine au sein du couple.

C'est cependant, le plus souvent, le projet migratoire qui l'emporte et les identités qui en résultent sont à la fois plus complexes et plus flexibles. Peressini (1994) fait une analyse très fine du caractère instable des identités immigrantes et de leur « gestion » quotidienne par des personnes âgées italiennes de Montréal de revenu modeste[13]. À partir d'une approche biographique, il analyse les liens qu'entretiennent entre elles des catégories discursives telles que « fils, fille, père, mère, homme, femme, membre d'un groupe de parenté ou d'un village, Calabrais, Sicilien, Italien, citoyen, riche pauvre, patron, ouvrier, individu, au moyen desquelles les acteurs se définissent » (*ibid* : 47) ainsi que les « contenus associés à ces identités » (*ibid* : 48). Il fait ainsi ressortir l'importance des identités familiales chez ce groupe, identités qui font du « projet migratoire une entreprise essentiellement familiale. » Il précise : « Depuis la décision de partir jusqu'à l'état actuel de retraité et de grand-parent, les vies qui nous sont racontées sont toutes tendues vers cet objectif obsédant d'améliorer les conditions de vie sociales et matérielles de la famille ». Ces identités familiales (de « bon père, bon enfant ») sont également superposées à des identités tirées des origines « locales » italiennes. On s'identifie alors davantage aux différents cercles du village d'origine (parenté éloignée, amis et connaissances originaires du même village, que l'on décrit comme « une grande famille ») (*ibid.* : 50). L'origine nationale proprement dite est peu mise en évidence[14]. C'est surtout sur le plan des liens établis entre la citoyenneté (canadienne), les appartenances de classe (patrons/ouvriers) et les identités familiales que se révèle la complexité de la gestion de ces identités qui dépendent de la réussite du projet familial. La citoyenneté canadienne, parce qu'elle comporte la reconnaissance de l'égalité des droits de tous les citoyens (immigrants ou natifs) et l'obtention de droits sociaux et politiques – en particulier la protection des travailleurs –, s'inscrit positivement dans le projet familial et s'oppose, au dire des immigrants, à la bureaucratie et à l'arbitraire qui régnaient dans le pays natal. La reconnaissance des immigrants comme citoyens canadiens à part entière fait ainsi partie du projet de réussite familiale qui avait été caressé avant le départ. L'identification au Canada se fait non pas en termes de culture, d'histoire, ou de l'« enveloppe de sens » mais en termes politiques. Le succès du projet familial, du moins pour le groupe observé par Peressini, est intimement lié à la citoyenneté politique et sociale, en particulier pour les hommes considérés comme les pourvoyeurs principaux de la famille. C'est ce que notre travail auprès de familles immigrantes originaires d'autres pays nous a montré.

À cette reconnaissance des droits du citoyen s'ajoute l'importance que revêtent divers éléments de la vie quotidienne et qui est associée à ces droits au Canada. Ainsi, dans leur recherche sur la solitude des veuves d'origine italienne et portugaise, Meintel et Peressini (1993) constatent que, pour ces femmes déjà âgées, le fait de pouvoir vivre seules est important, même si beaucoup habitent à proximité de leurs enfants. Bien qu'ils affirment n'avoir probablement pas joint les veuves les plus isolées, les auteurs mentionnent que les répondantes estiment que la liberté dont elles jouissent à présent était difficilement envisageable dans le pays d'origine en raison du moindre développement de certains types de services (transport, santé, clubs et associations) qui favorisent un mode de vie autonome (*ibid.* : 44).

L'examen des « familles immigrantes » sous le rapport de la logique politique débouche également sur un paradoxe. D'une part, ces familles sentent la nécessité de préserver et de transmettre aux enfants une « enveloppe de sens » et de nouer des alliances avec ceux qui la partagent; en d'autres termes, elles veulent organiser leur vie autour de certains points de repère. D'autre part, elles désirent obtenir la citoyenneté qui leur permet de s'insérer dans la société canadienne, car elle est un gage de réussite du projet familial. Il s'agit moins, d'après notre expérience, d'un conflit entre deux sentiments contraires que d'une gestion des identités à assumer. Cette gestion, il faut le souligner, ne va pas sans difficultés dans la mesure où elle s'inscrit dans les projets de construction nationale dressés par le Canada et le Québec, lesquels sont relativement éloignés des projets familiaux des immigrants, et particulièrement du projet de réussite économique.

La logique économique

La logique économique est à notre avis, tout aussi importante que les autres logiques pour la compréhension de l'expérience des familles immigrantes. Nous avons déjà vu par une citation de Peressini que la réussite matérielle et sociale occupait la première place dans le projet familial d'émigration. On ne part pas de chez soi facilement même quand on n'y est pas forcé par quelque catastrophe naturelle ou sociale. Les projets d'immigration – du moins pour un grand nombre de personnes originaires des pays du Sud - impliquent le désir de s'élever dans l'échelle sociale et l'espoir que soi-même, ou du moins ses enfants, pourront jouir de meilleures conditions d'existence (Bibeau et coll., 1992). D'où, comme nous l'avons dit, l'importance de la notion de droits sociaux pour un très grand nombre d'immigrantes et d'immigrants. Cet espoir d'une vie meilleure est d'ailleurs entretenu par la façon dont les politiques d'immigration sont formulées, dans la mesure où toute famille (nouvelle) ne peut débarquer au Canada que si l'un (plus souvent que l'une) de ses membres peut démontrer sa capacité de s'intégrer au marché du travail.

Dans tous les cas, un certain nombre d'obstacles se dressent sur le chemin de nombreux immigrants et réfugiés. Tout d'abord, l'insertion d'immigrants professionnels dans des corps de métier se fait mal, faute d'un mécanisme de reconnaissance des diplômes ou en raison des exigences considérables à satisfaire pour la pratique d'une profession. Cela a pour conséquence non seulement d'entraîner un degré très élevé de sous-emploi au sein de la population immigrante récente, mais encore d'entraver le projet familial d'amélioration des conditions de vie. Notre expérience d'intervention nous a montré toute l'importance qui peuvent revêtir les rêves brisés pour les familles immigrantes récentes, dont la descente dans l'échelle sociale s'accompagne d'amertume, du transfert aux enfants du projet familial et de la réorganisation de l'autorité au sein du couple dans la mesure où ce dernier doit s'intégrer au marché du travail.

Nous n'irons pas jusqu'à dire que toute famille immigrante est placée dans une situation économique difficile, mais les chiffres révèlent cependant que les familles nouvellement installées au Canada y font face très souvent. Selon Chamard (1994 : 205),

> [En] 1991, la pauvreté au Canada touche davantage les familles nées hors Canada que les familles nées au Canada. Si elles représentent près d'une famille sur cinq dans l'ensemble des familles, c'est plus d'une famille sur quatre qui fait partie des familles pauvres. On estime que 17,2 % des familles nées hors Canada sont pauvres alors que ce pourcentage est estimé à 12 % pour les familles nées au Canada. Cet écart de cinq points au Canada serait encore plus élevé au Québec.

La pauvreté, le chômage, des conditions de logement précaires sont le lot d'un grand nombre de familles immigrantes récentes. Et ce sont ces familles que rencontrent les intervenantes et les intervenants sociaux.

Mais, dira-t-on, il n'y a là rien de très différent de ce que connaissent les personnes nées au Canada, chez lesquelles on enregistre un taux croissant d'appauvrissement, spécialement les jeunes familles (Deniger et coll., 1995). La différence, à notre avis, est pourtant notable. Dans le cas d'une personne née au Canada, le projet de vie se réalise graduellement, et l'échec ne regarde que le présent. Dans le cas de l'immigrant et de l'immigrante, non seulement l'échec concerne le présent, mais il ravive aussi les plaies causées par l'émigration et fait voir sous un autre jour le projet d'insertion (Bibeau et coll., 1992). Comme nous l'avons déjà dit, immigrer ce n'est pas seulement arriver quelque part, c'est aussi partir, parce qu'on a l'espoir que les choses changeront. Les parents et les amis, ceux qui sont restés là-bas, ont approuvé le projet et ont encouragé à partir (nourrissant ainsi quelques illusions) ou ont éprouvé un certain ressentiment pour avoir été « abandonnés ». L'échec est d'autant plus cuisant que la personne devait réussir pour compenser les ruptures provoquées par le départ.

De plus, la conjoncture économique difficile, renforcée par les diverses formes de discrimination s'exerçant au Canada à l'égard de groupes appartenant à des minorités visibles (dont fait partie une grande partie des nouveaux contingents d'immigrants), ont sur les familles, et particulièrement sur les couples, des effets pouvant mener à des ruptures. Les contraintes économiques doivent être analysées en tenant compte des rapports sociaux de sexe tels qu'ils se présentent au Canada et dans les pays d'où viennent les immigrants.

Donnant lieu à des oscillations entre des logiques souvent contradictoires[15], l'immigration en famille implique de tracer son chemin malgré les obstacles, tout en gardant vivant le projet familial. Intervenir auprès des familles immigrantes, c'est donc cartographier les parcours migratoires afin de pouvoir repérer les points de rupture dans la dynamique familiale au moment de l'immigration.

Points de rupture

L'immigration en famille, ainsi que nous venons de le voir, a pour effet d'affaiblir la dynamique familiale. Il faut toutefois insister sur le fait que ce ne sont pas toutes les familles immigrantes qui deviennent ainsi fragiles. De plus, il arrive également que la solidarité entre les membres de la famille sorte renforcée du processus d'immigration, notamment les liens entre conjoints. Il est nécessaire également de mentionner que la fragilité des familles immigrantes n'est pas toujours perçue par les intervenantes et intervenants travaillant dans les services sociaux. L'une des caractéristiques des familles immigrantes est leur réticence à recourir aux services sociaux pour résoudre des difficultés, car, pour elles, la famille doit les vaincre toute seule. En fait, ce ne sont, le plus souvent, que les cas dramatiques qui sont rapportés aux services sociaux. Il n'entre pas dans notre propos de dresser ici la liste des obstacles auxquels font face les familles immigrantes. Ils nous suffira d'attirer l'attention sur des problèmes qui devraient être pris en compte dans l'intervention parce qu'ils peuvent devenir graves.

Les logiques contradictoires dont nous venons de faire état ont une incidence particulièrement forte sur la redéfinition des rôles du père et de la mère et sur la place des enfants dans la famille. Nous traiterons principalement du premier point, le second ayant été étudié dans bon nombre de publications portant sur l'intégration et les stratégies identitaires des jeunes (Meintel et Le Gall, 1995).

Les logiques juridique, politique et économique ont, à notre avis, deux effets majeurs sur la façon dont l'immigration modifie la paternité et la maternité. En premier lieu, elles rétrécissent le réseau familial auquel les conjoints peuvent faire appel. Quels qu'aient été leurs rapports avant d'émigrer, les époux, à leur arrivée, sont obligés de recréer, sans pouvoir faire appel aux liens sociaux et familiaux habituels, un milieu favorable à la réussite du projet familial. La « solitude du couple » provoque de la détresse et est en partie due à la perte des mécanismes habituels de résolution de conflits. Elle est aussi l'occasion d'acquérir plus d'autonomie à l'égard des contraintes imposées dans les rapports entre individus, et en particulier dans ceux qui sont habituels entre les sexes dans les sociétés patriarcales.

En deuxième lieu, les difficultés économiques rencontrées par de nombreuses familles après leur arrivée au Canada se répercutent différemment selon le sexe du conjoint. Lorsque les obstacles à l'emploi affectent le père et le mènent au chômage et au sous-emploi, son image en tant que pourvoyeur principal de la famille en souffre. N'ayant plus accès à l'espace public ou ne pouvant agir dans un espace communautaire et familial qui reconnaît l'autorité paternelle, et forcé de s'intégrer dans une société où la relation de famille passe par l'individuation de ses membres, le père se trouve dans une situation difficile à vivre. Hammouche (1997) a observé cette coupure chez des pères algériens immigrés en France. La coupure a pour effet d'abolir l'autorité qui passe du père au fils, et il en résulte que les intervenants sociaux dans les banlieues s'emploient à suppléer au manque au nom d'une lutte contre la délinquance. La situation socio-économique et le cadre de vie ne sont pas les mêmes en France qu'au Canada, mais il n'en reste pas moins que les problèmes d'emploi et la redéfinition des rôles dans la famille rendent difficile la vie des familles immigrantes.

Examinant certains paramètres de la thérapie familiale en situation inter-culturelle, Scandariato (1993) relate l'histoire d'une famille d'origine maghrébine qui a fini par s'installer en Belgique après de multiples échecs d'insertion socio-professionnelle vécus par le père en France. L'enfant de trois ans a un comportement qui perturbe grandement l'ensemble de la famille. Au cours d'une séance de thérapie, il se déclare le « roi » de la famille, adopte un ton de commandement et se montre particulièrement capricieux. Ni le père ni la mère ne sont capables de lui faire entendre raison. Ils refusent de le corriger parce qu'ils craignent d'avoir le comportement des « pères arabes » qui sont réputés être d'une extrême sévérité envers leurs enfants[16]. À la suite d'une reprise en main de son autorité par le père (due en grande partie à une intervention de la fille aînée de 17 ans qui a « corrigé » son petit frère à l'occasion d'un incident exaspérant), Scandariato (*ibid.* : 136) analyse ainsi la situation :

> On voit dans cette situation familiale comment le père, complètement dévalorisé par ses échecs socio-professionnels successifs, a renoncé à tenir sa place. Il ne pouvait plus être père arabe puisqu'il était français. Mais le message implicite de la société d'accueil lui indiquait qu'il n'était pas un vrai Français et le réduisait donc à l'impuissance. Le symptôme d'Ali [le garçon de trois ans] montre que la famille a besoin d'un chef arabe, mais que le problème est qu'un chef arabe vu par la société d'accueil ne peut être qu'un tyran. En consultant pour placer l'enfant, la famille repropose aux représentants de la société d'accueil que sont les services sociaux, le dilemme dans lequel elle est prise, et leur pose en quelque sorte la question : « Vaut-il mieux un chef arabe tyrannique et infantile ou un gentil papa français tout à fait impuissant ? »

La place du père est à peu près passée sous silence dans les études sur les familles immigrantes. Nous faisons nôtre la remarque de Meintel et Le Gall (1995 : 111) selon laquelle il faudrait « étudier plus systématiquement l'expérience des hommes en tant que pères de famille dans la migration ».

Quant à la place de la mère dans l'immigration, elle est peut-être plus étudiée. Comme le remarque Labelle (1990), des études fouillées sur la condition des femmes immigrantes existent depuis le début des années 80. Les chercheures travaillant dans ce domaine s'intéressent surtout aux conditions d'emploi et à l'insertion des immigrantes sur le marché du travail (Ng, 1989 ; Boyd, 1991), à l'impact de leur statut d'immigrantes sur leurs droits (Estable, 1987 ; Seward, 1988 ; Pedraza, 1991) et à l'influence que peuvent avoir les rapports sociaux de race, de classe et de sexe sur leur intégration dans l'économie canadienne. Les stratégies identitaires des femmes ont également fait l'objet d'études (Vatz Laaroussi et coll., 1996 ; Wittebrood et Robertson, 1991). Labelle rappelle que « les modalités d'insertion des femmes appartenant à divers milieux sociaux d'un groupe d'immigration varient en effet selon l'origine sociale, les particularités du procès migratoire, la conjoncture économique dans laquelle l'insertion s'effectue et les spécificités des mécanismes de blocage et d'enfermement »

(Labelle, 1990 : 74). En ce qui concerne de nombreuses femmes originaires des pays du sud, la survie économique les oblige à prendre des emplois souvent peu rémunérés (Ng, 1989), sans que pour autant leurs responsabilités auprès des autres membres de la famille soient allégées. Pour les femmes qui n'étaient pas salariées dans leur pays d'origine, leur présence sur le marché de l'emploi permet le passage à l'espace public et permet l'acquisition d'une autonomie qui les amène à définir autrement leur place au sein du couple. Comme le remarquent Bibeau et coll. (1992 : 96), la redéfinition des rapports au sein des couples crée une dynamique intrafamiliale qui est parfois perturbatrice :

> Hommes et femmes s'en trouvent perturbés : les hommes parce qu'ils ont de moins à moins leur mot à dire dans l'organisation familiale ; les femmes parce que rien ou presque rien ne les a préparées à ces responsabilités et ces pouvoirs accrus. Certains couples essaient de fuir le problème en cherchant refuge dans leur culture d'origine ou par le biais d'une religion qui prône une organisation matrimoniale et familiale traditionnelle ou conservatrice. Dans la plupart des cas, toutefois, les femmes acceptent leur nouveau rôle et se réjouissent de l'autonomie qu'il leur confère, surtout du point de vue financier, même lorsque cela entraîne chez leur mari un rejet encore plus grand de la culture québécoise qu'ils rendent responsable de cette soudaine transformation de leurs épouses.

Cette autonomie est notamment mise en relief dans l'étude sur la solitude des femmes âgées à Montréal à laquelle nous avons déjà fait allusion (Meintel et Peressini, 1993). Les auteurs ont constaté que les veuves d'origine portugaise ou italienne interrogées ne voyaient pas la solitude comme un fardeau. En fait, ces femmes se disaient contentes d'avoir une liberté d'action et un certain anonymat dans la grande ville. Cette liberté d'action, souvent venue sur le tard, elles en bénéficient également dans leurs relations relativement fréquentes avec leurs enfants et elles pensent avoir été récompensées pour avoir été de « bonnes mères ». Cette situation témoigne, à notre avis, d'une gestion réussie des identités – celle de la famille, qui est très forte, et aussi celle de la femme « indépendante » ou du moins plus autonome sur le plan des obligations familiales.

Il n'en demeure pas moins que les obligations imposées par la société d'accueil amènent la famille à se replier un peu sur elle-même, ce qui l'oblige parfois à surinvestir dans une idéologie familialiste qui la rend plus fragile, comme le montre, par exemple, Noivo (1993), à propos des familles ouvrières portugaises. À l'opposé, l'insertion de la famille dans une société qui reconnaît le droit de l'individu à exercer un libre choix en matière de comportements familiaux ou de travail exerce une force « centripète » sur les relations de couple et crée une anomie porteuse de détresse même si elle conduit, le plus souvent, à un moyen terme entre l'autonomie et la transmission des valeurs.

En conclusion[17], il nous semble qu'à bien y regarder deux points de rupture essentiels se dessinent : d'une part, la place fragile du père qui a le plus souvent été au centre des décisions de migration et donc du projet familial ; d'autre part, la place de la mère, sur qui s'exercent des pressions sociales qui la rendent très vulnérable en raison de son rôle essentiel dans le maintien de la cohésion familiale et la transmission aux enfants de valeurs qu'il s'agira pour eux de mettre à l'épreuve à l'extérieur de la famille.

Notes

1. Cette hétérogénéité dans la « condition immigrante » ressort particulièrement des statistiques sur les revenus des immigrants. Alors que les personnes (hommes et femmes) originaires d'Europe – en particulier des pays de l'Ouest et des États-Unis – bénéficient de revenus moyens aussi élevés, voire plus élevés, que ceux des natifs du Canada, les revenus des personnes provenant des pays en voie de développement sont nettement inférieurs à ceux de ces derniers (Das Gupta, 1996 ; Côté, 1991 ; Mata, 1996).
2. Loi fédérale sur le multiculturalisme ; politiques provinciales relatives au multiculturalisme ou relatives aux communautés culturelles.
3. Nous laissons ici de côté la problématique des réfugiés, car les motifs humanitaires invoqués ne font pas intervenir la clause d'insertion économique rapide.
4. Qui comprend les travailleurs et travailleuses sélectionnés, des gens d'affaires investissant dans l'économie canadienne, de retraités et des « parents aidés ».
5. Langues parlées, degré de scolarité et, surtout, occupation antérieure et/ou accès immédiat à un emploi qui figure sur une liste régulièrement révisée en fonction des besoins en main-d'oeuvre au Canada.
6. Le principe de la réunification familiale ne s'applique qu'aux conjoints de sexe opposé unis par les liens d'un mariage reconnu comme légitime par les lois du pays où il a été contracté. Sont exclues les unions de fait, les unions homosexuelles et les unions bigames ou polygames.
7. Le mariage doit avoir lieu dans les 90 jours de l'arrivée au Canada.

8. Depuis 1995, la durée du parrainage des membres de la famille est de trois ans au Québec. La disposition qui prévoit une durée de 10 ans de parrainage est toujours en vigueur dans les autres provinces du Canada. Ces dernières disposent d'une certaine latitude quant à la récupération des sommes auprès d'un parrain (Côté et coll., à paraître).
9. Le lien de filiation désigne le lien vertical de parenté unissant l'enfant à son père et à sa mère. Notons que ces liens peuvent se comprendre de diverses manières. Dans certaines sociétés, par exemple, un garçon héritera de son oncle maternel qui est désigné comme son père, tant dans sa dimension affective que dans sa dimension sociale. Par lien d'alliance, nous entendons toute union contractée par engagement mutuel entre familles. Cette alliance, symbolisée en Occident par l'anneau de mariage, établit un lien juridique entre les époux, et, c'est ce qui importe pour notre propos, introduit un lien de droit entre un conjoint et les parents de l'autre conjoint. Se marier, c'est donc entrer dans une famille « étrangère », avec ce que cela comporte de droits, d'obligations et de procédés d'échange entre deux familles. Dans les sociétés traditionnelles, l'alliance entre familles constitue la raison d'être des mariages et règle les liens de filiation ou de descendance. Dans bien des cas, la volonté des futurs conjoints de se marier est alors plus ou moins prise en considération par les familles respectives. Une famille, en termes anthropologiques, se constitue au croisement des axes de la filiation et de l'alliance, même si l'on peut se demander si les familles canadiennes de cette fin de siècle ne sont pas en train d'être ébranlées dans leurs fondements du fait des bouleversements subis sur ces deux axes.
10. Selon Meintel et Le Gall, ces désaccords sont dus non pas à un « simple décalage entre les générations » (les jeunes plus modernes et « plus assimilés » par opposition aux parents plus « traditionnels » et « moins assimilés ») mais à plusieurs autres facteurs, tels que le degré de scolarité et l'origine rurale ou urbaine des parents (1995 : 11). La tradition des « mariages arrangés » est toutefois encore très vivante dans certaines communautés originaires du sous-continent indien ou du continent africain. Même si, dans une perspective purement socio-anthropologique, il est certain « qu'il n'y a pas lieu de surproblématiser les jeunes d'origine immigrée » (*ibid.*), il faut pourtant mentionner que ce sont souvent les cas « problématiques » qui relèvent de l'intervention sociale.
11. Certaines dispositions permettent de dissoudre ce lien, en particulier en cas de violence conjugale avérée. Voir Côté et coll. (À paraître).
12. Par « pays » nous entendons non seulement pays-nation, mais aussi région d'un pays, qui représente souvent bien plus le point d'ancrage des souvenirs que l'ensemble géo-politique auquel est attachée la nationalité.
13. Notons que l'étude de groupes installés au Canada depuis longtemps nous permet de mieux apprécier, sur une longue durée, les effets de la migration sur les structures et les identités familiales. Il est cependant difficile de généraliser d'un groupe à l'autre étant donné les différences culturelles

initiales, les conditions d'installation au Canada et les effets de la discrimination systémique qui ne s'exercent pas nécessairement de la même façon et avec la même force sur les différents groupes.
14. Peressini parle « d'évitement du rapport ethnique dans les récits de vie des narrateurs » (*ibid.* : 58) et propose une analyse de cette absence d'identité « italienne » ou « italo-canadienne » en la mettant en relation avec les rapports de pouvoir à l'échelle canadienne. L'identité ne serait adoptée que lorsque l'immigrant aurait suffisamment de capital politique, économique et culturel pour « espérer pouvoir se sortir gagnant d'un tel jeu » (*ibid.* : 59). Bien qu'extrêmement intéressant, nous ne nous attarderons pas à cet aspect de la « gestion des identités » individuelle, car il affecte assez peu le projet familial.
15. En vertu de ces logiques, il faut à la fois préserver sa culture dans un milieu qui lui est défavorable, gagner sa vie malgré une situation économique difficile et garder l'esprit de famille dans une société où les liens familiaux sont distendus.
16. La menace de se faire enlever ses enfants pas les instances de protection de la jeunesse est bien réelle et, surtout, très crainte chez les familles immigrantes dont les conceptions de la disciliple ne sont pas nécessairement en accord avec les *récentes* innovations que l'on connaît en Amérique du Nord et, dans une certaine mesure, en Europe.
17. Je tiens à remercier Marie-Blanche Tahon pour sa patience et ses suggestions concernant la rédaction de ce chapitre.

Bibliographie

Badets, J. (1993), « Les immigrants du Canada. Dernières tendances »,*Tendances sociales canadiennes, Statistique Canada*, 29, p. 8-11.

Bernier, D. (1993), « Le stress des réfugiés et ses implications pour la pratique et la formation », *Service social*, 42, 1, p. 81-101.

Bertot, J. et A. Jacob (1991), *Intervenir avec les immigrants et les réfugiés*, Montréal, Méridien.

Bibeau, G., Chan Yip, A.-M. Lock, C. Rousseau et C. Sterlin (1992), *La santé mentale et ses visages. Un Québec pluriethnique au quotidien*, Boucherville, Gaëtan Morin éditeur.

Boyd, M. (1991), « Gender, Visible Minority and Immigrant Earnings Inequality : Reassessing and Employment Equity Premise », dans V. Satzewitch (dir.), *Deconstructing a Nation : Immigration, Multiculturalism and Racism in '90s Canada*, Halifax, Fernwood, p. 279-321.

Côté, A., M. Kérisit et M.-L. Côté (à paraître), *Qui prend pays... L'impact du parrainage sur les droits à l'égalité des femmes immigrantes francophones en Ontario*, Rapport de recherche. Conditions féminine Canada.

Côté, M.G. (1991), « Minorités visibles dans la population active au Canada », *Perspectives sur le revenu et l'emploi*, été : p. 17-26.

Das Gupta, T. (1994), « Political Economy of Gender, Race and Class : Looking at South Asian Women in Canada », *Canadian Ethnic Studies*, XXVI, 1, p. 59-73.

Das Gupta, T. (1996), *Racism and Paid Work*, Toronto, Garamond Press.

Deniger, M.-A, S. R. Evans, V. Portebois, M. Provost, A. Régimbald, et J.-F. René (1995), *Pauvreté et insertion sociale et professionnelle des jeunes familles : une comparaison Québec-Ontario*, Ottawa, Conseil de développement social.

Chamard, R. (1994), « La famille immigrante », dans G. Pronovost (dir.), *Comprendre la famille, Actes du 2ᵉ symposium québécois de recherche sur la famille* Saint-Foy, Presses de l'Université du Québec, p. 195-218.

Estable, A. (1987), « Immigration Policy and Regulations », *Documentation sur la recherche féministe*, 16 , 1, p. 28.

Fleras, A. et J.-L. Elliott (1992), *Multiculturalism in Canada. The Challenge of Diversity*, Scarborough, Nelson Canada.

Hammouche, A. (1997), « Famille relationnelle en situation migratoire, autorité paternelle et puissance publique », *Lien social et politiques - RIAC*, 37, p. 121-132.

Hawkins, F. (1991), *Critical Years in Immigration, : Canada and Australia Compared*, 2nd edition. Montréal, McGill-Queens University Press.

Heneman, B., G. Legault, S. Gravel, S. Fortin et E. Alvarado (1994), *Adéquation des services aux jeunes familles immigrantes*. Montréal, Université de Montréal, École de service social et Direction de la santé publique, Régie régionale de Montréal Centre.

Labelle, M. (1990), « Femmes et immigration au Canada : bilan et perspectives », *Études ethniques au Canada*, 22, 1, p. 67-82.

Lamotte, A. (1988), *Les femmes parrainées de la catégorie famille*, Québec, Conseil des communautés culturelles et de l'immigration.

Mata, F. (1996), « Birthplace and Economic Similarities in the Labour Force : An Analysis of Toronto's Census Microdata », dans A. Laperrière et coll. (dir.), *Immigration et Ethnicité*, Montréal, Association des études canadiennes, p. 85-113.

Médam, A. (1989), « Ethnos et Polis. À propos du cosmopolitisme montréalais », *Revue internationale d'action communautaire*, 21/61, p. 137-149.

Meintel, D. et M. Peressini (1993), « Seules et âgées en milieu urbain : une enquête auprès de Montréalaises de trois groupes ethniques », *Revue internationale d'action communautaire*, 29/69, p. 37- 46.

Meintel, D. et J. Legall (1995), *Les jeunes d'origine immigrée. Rapports familiaux et transitions de vie : le cas des jeunes Chiliens, Grecs, Portugais, Salvadoriens et Vietnamiens*, Québec, Ministère des Affaires internationales, de l'Immigration et des Communautés culturelles.

Mills, M. S. (1993), « Mental Health Resilience of Refugees : The Case of Tamil Refugees », *Refuge*, 13, 3, p. 27-31.

Moro, M.-R. (1993), « Principes théoriques et méthodologiques de l'ethnopsychiatrie. L'exemple du travail avec les enfants de migrants et leurs familles » *Santé mentale au Québec*, XVII, 2, p. 71-98.

Ng, Roxanna (1989), « Sexism, Racism and Canadian Nationalism », dans J. Vorst et coll. (dir.), *Race, Class and Gender : Bonds and Barriers*, Toronto, Between Lines, p. 10-25.

Noivo, E. (1993), « Ethnic Families and the Social Injuries of Class, Migration, Gender, Generation and Minority Status Group », *Canadian Ethnic Studies*, XXV, 3, p. 66-75.

Pedraza, S. (1991), « Women and Migration : The Social Consequences of Gender », *Annual Review of Sociology*, 17, p. 303-325.

Peressini, M. (1994), « Attachement utilitaire et refus du jeu ethnique. Le rapport au pays d'accueil dans les récits de vie d'un groupe d'immigrants italo-montréalais », *Revue internationale d'action communautaire*, 31, 71, p. 47-60.

Peressini, M. et D. Meintel (1993), « Identité familiale et identité individuelle chez des immigrantes italiennes âgées : réflexion à partir de deux recherches », *Culture*, XIII, 2, p. 17-36.

Seward, S.B. (1988), *Immigrant Women in Canada : A Policy Perspective*, Ottawa, Canadian Advisory Council on the Status of Women.

Tahon, M.-B. (1995), *La famille désinstituée. Introduction à la sociologie de la famille*, Ottawa, Presses de l'Université d'Ottawa, coll. « Sciences sociales ».

Vatz Laaroussi, M. (1993), « Intervention et stratégies familiales en interculturel », *Service social*, 42, 1, p. 49-62.

Vatz Laaroussi, M., D. Lessard, M. E. Montejo et M. Vianna (1996), *Femmes immigrantes à Sherbrooke : modes de vie et reconstruction identitaire*, Sherbrooke, Rapport présenté au Conseil québécois de recherche sociale, Collectif de recherche sur les femmes et le changement, Université de Sherbrooke.

Wittebrood, G. et Robertson, S. (1991), « Canadian Immigrant Women in Transition », *Canadian Journal of Counselling*, 25, 2, p.170-182.

6

La question du père[1]

WILLY APOLLON

Nous avons créé à Québec un centre de traitement psychanalytique des psychotiques dont la particularité réside dans le fait qu'on les traite dans la communauté, et non à l'hôpital, en explorant la structure familiale dans laquelle est apparue la maladie. Ce choix nous l'avons fait comme une option théorique sur les conditions et origines de la psychose. Cela nous a entraîné dans des recherches assez poussées sur les fondements de la famille. Parallèlement, nous menons une enquête sur les familles dites normales ou régulières. Aussi suis-je amené, avec mes collègues, à entendre parler de la famille d'une toute autre façon que celle qui a cours à la télévision, dans les revues spécialisées, dans les romans ou dans la recherche officielle. Cette pratique nous a amenés à un type de réflexion différente dans laquelle nous nous interrogeons sur ce qu'il y a d'universel, d'invariant dans la structure familiale. Que peut-on trouver partout où il y a un père, une mère, un enfant, quelle que soit la culture, quelle que soit l'époque et qui serait impossible à défaire ? Au-delà des changements et des particularités dont tout le monde parle aujourd'hui, y aurait-il une limite qui ne peut pas être dépassée ? S'agissant de la place du père, y aurait-il quelque chose de fondamental qui est la signification principale de la paternité, incontournable malgré les cultures et les époques ?

Je propose que nous réfléchissions sur le fait que la signification de la paternité est, quelle que soit la culture, un invariant. Cette position laisse ouverte la question de savoir quelle forme et quel statut prend dans une culture donnée ce que nous appelons la paternité. Il y a quelque chose, qui est la paternité, que l'on n'a pas pu esquiver à travers les siècles et que l'on ne pourra pas esquiver dans l'avenir. Pourrait-on imaginer des êtres humains qui ne parlent pas ? Pourrait-on imaginer des être humains qui ne naissent pas d'une femme et d'un homme ? Éventuellement en laboratoire, mais d'où tiendrons-nous les cellules sexuelles nécessaires ? Les obtiendrions-nous sans le consentement et sans une parole des porteurs ? Pourrait-on imaginer des êtres humains qui n'auraient plus besoin de se croire ou une société dans laquelle il ne serait plus nécessaire d'avoir à croire l'autre ? On le voit, il y a des données propres à l'animal parlant. La coexistence de ces deux éléments (animal et parlant) implique l'existence d'un certain nombre d'invariants que l'on retrouve dans toute société. Si ce n'était pas le cas, les humains n'appartiendraient pas à la même espèce. La paternité est de cet ordre, et je vais tenter d'en faire une démonstration logique.

Le pragmatisme ambiant

De nos jours n'est plus posée la question de la signification de la paternité, de ce qui, dans la paternité, ne dépend ni de l'époque ni de la culture ni des lois sociales. La signification de la paternité est noyée dans des problématiques pragmatiques qui se prétendent scientifiques. Autrement dit, la réflexion et la recherche tentent le plus souvent de répondre au désarroi des institutions en quête de solutions pratiques à des problèmes de société. La paternité est alors circonscrite dans trois problématiques : 1) le scientisme ; 2) le juridisme ; 3) la professionnalisation des problèmes de la famille.

Le scientisme

On définira le père en s'appuyant sur des données scientifiques. On dira que le père est biologique. Mais que serait-ce, un père biologique ? Il est le donneur des spermatozoïdes responsables de la fécondation et l'analyse de l'ADN peut le confirmer. Le ridicule ne tue pas et personne aujourd'hui ne s'élève en Amérique du Nord contre une telle position. La paternité biologique comme telle est une institution sociale. C'est un certain type de société qui définit scientifiquement la paternité en disant que le père est biologique. D'autres sociétés dans d'autres civilisations, tout en connaissant les dimensions scientifiques de la reproduction et en en tenant compte, définissent autrement la paternité en la distinguant de la reproduction. La paternité biologique est une décision sociale ; une décision propre à un certain type de société, à un moment historique dans son évolution. S'appuyant sur des considérations scientifiques, tenues pour des valeurs propres à fonder des jugements de fait, notre époque tend à réduire les comportements humains les plus fondamentaux à des faits scientifiques. On dira, par exemple, que la psychose est biologique ou que l'amour est un effet d'un certain nombre de données biologiques, ou encore que la violence est liée à certains gènes. Bref, on a tendance, à notre époque en Amérique du Nord, à utiliser la science pour ce à quoi elle n'est pas destinée, pour ce pour quoi elle n'est pas compétente. La démarche scientifique, on le sait, consiste à mettre la subjectivité entre parenthèses pour atteindre une certaine objectivité dans la connaissance du réel. Aussi ne peut-on, après avoir accompli une démarche scientifique en vue d'obtenir un certain résultat, se servir de ce résultat pour rendre compte d'une donnée ou d'une dimension propre à la subjectivité. Ce faisant, on pervertit la démarche scientifique pour donner à la science une fonction idéologique. Une telle stratégie repose sur une volonté de dénier la dimension propre de la subjectivité et ce qu'elle implique : une éthique du croyable.

Le juridisme

Comme le scientisme, le juridisme est une idéologie qui se veut aujourd'hui postmoderne et qui met en cause, en se substituant aux idéologies passées, les fondements éthiques de nos choix de société dans leurs significations historiques. Partant de données scientifiques, nous prétendons aujourd'hui faire de nouvelles lois, avoir une nouvelle position juridique. Ces positions juridiques nouvelles sont les conséquences de ce que nous croyons être un savoir. Le juridisme, comme le scientisme – mais dans un autre cadre et avec d'autres moyens –, fonde ce qui se présente comme les « nouvelles valeurs ». Dans un premier temps, il promeut de nouveaux droits pour des groupes spécifiques, généralement des groupes de pression, et tend, dans un deuxième temps, à généraliser ces droits à l'ensemble de la population. Le processus se répète, ses étapes logiques sont repérables : il y a des groupes de pression ; leur idéologie est projetée par les médias ; les politiciens sont coincés entre les médias et la réélection ; les droits sont accordés à tel groupe de pression ; par la suite, on assiste à la généralisation de ces droits. Par exemple, on parlera dans un premier temps du droit des couples de gays ou de lesbiennes à l'adoption d'un enfant, puis, dans un deuxième temps, du statut de parents pour ces couples sans que (ou avant que) la question du fondement de ce droit puisse faire l'objet d'un débat sérieux au regard de ce qui auparavant pouvait instituer la parentalité. On voit ainsi que des droits pour lesquels les femmes se sont battues pendant des années, qu'elles ont obtenus de peine et de misère – et pas partout –, les homosexuels vont les obtenir facilement, sans lutte, parce que l'appel au débat est lui-même considéré par l'idéologie dominante comme une offense aux droits et à la liberté individuels. La « rectitude de la pensée » posée en règle d'échange social se transforme subrepticement en « interdit de penser ». Ainsi, le juridisme part de l'état de fait établi ou non par la science comme un critère du droit dans l'établissement de l'objet de la loi. Et de là, il tend à tirer parti du désarroi des autorités et des institutions pour, avec l'appui des médias, convaincre sinon contraindre le politicien et le législateur.

La professionnalisation des problèmes de la famille.

À partir du moment où le fondement de la famille est considéré comme biologique et non plus comme éthique et où, sur la base d'une famille conçue à partir de la science et non plus à partir de l'éthique, l'État intervient, nos sociétés n'ont plus d'autre choix que de professionnaliser les problèmes de la famille. La professionnalisation des problèmes est une conséquence du scientisme et du juridisme. Le juridisme ayant remplacé la position éthique, tous les dysfonctionnements dans la famille vont être confiés à des professionnels. À partir du moment où les institutions et l'État se substituent aux responsabilités éthiques des individus, parce que l'état de fait a remplacé le langage et l'ordre symbolique dans l'établissement des critères du droit, il ne reste plus qu'à confier le fonctionnement des unités familiales à la surveillance professionnelle. Surveiller et punir ! La professionnalisation des problèmes de la famille et de l'enfant est donc une conséquence logique du scientisme et du juridisme. Elle tend à garantir et à prolonger la substitution des responsabilités éthiques des individus par la surveillance professionnelle et l'État. Malgré tous les beaux discours idéologiques qui prétendent le contraire, le client du professionnel, c'est d'abord l'institution qui l'emploie et, au-delà, l'État qui paie. À son insu, le professionnel est le fonctionnaire d'une police sociale, il travaille à la gestion du quotidien contre le retour incessant et le contre-coup de l'obscène, soit la pulsion qui pourrait amener le sujet à décider autrement et au-delà des limites posées par les normes sociales. Ces limites et ces normes culturellement définies ont en effet pour fonction d'établir dans le champ social le seuil où l'obscène se substitue au croyable.

Dans ces trois perspectives qui dominent actuellement la réflexion et les considérations sur la famille – scientisme, juridisme et professionnalisation des problèmes de la famille –, ce qui est en jeu ce sont les conditions du croyable et les limites de l'obscène. Toute société historique maintient le lien social entre ses membres en définissant pour tous les conditions du croyable. Notre problème, dont les avatars de la paternité sont aujourd'hui le symptôme, c'est que nous sommes en train de ne plus pouvoir repérer pour nous et entre nous quelles sont les conditions du croyable, qui soutient pour nous l'éthique de la coexistence sociale. Ces conditions s'estompent pour nous aujourd'hui, sous la dissémination fortement médiatisée des limites de l'obscène jusqu'au cœur de la famille. Cette effraction du croyable dans le champ de la famille par l'obscène qui traverse le social, marque la ligne de fracture où la signification de la paternité va s'effriter dans les discours officiels.

La représentation du croyable

La signification de la paternité consiste à représenter, dans le cadre de l'institution familiale, l'incontournable du croyable. La signification du père dans la famille – elle va donc fonder son rôle et sa place –, c'est de maintenir cette dimension du croyable au cœur des relations des enfants aux parents, des enfants entre eux et des parents entre eux. C'est seulement à partir de cette signification de la paternité qu'est pensable une éthique de la masculinité et que peuvent être reconsidérés aujourd'hui le rôle et la fonction du père. Qu'est-ce qu'un père ? Quelles que soient la culture et l'époque ? Un père, c'est un pur don d'une femme à un enfant. Mais c'est aussi un pur don d'un homme à une femme. Mais chaque culture définit différemment les conditions de détermination et d'identification de ce phénomène de base.

La fonction du père repose sur cinq éléments de base. Ensemble, ils sont incontournables. Si l'on refuse l'un de ces cinq piliers de la paternité, le sens éthique de la maternité et de la paternité est perdu, et la structure familiale est mise en cause. Ces cinq points sont les suivants :

1. *La parole de femme*. Une femme dit à un homme : « Tu es le père de l'enfant que je porte. » Cette parole de femme à un homme est tout autant parole de femme à un enfant et parole de femme à une société. L'homme ne connaît sa paternité qu'à travers la bonne foi de cette parole de femme. Mais surtout c'est seulement cette parole qui institue pour l'enfant ce rapport singulier à un homme comme à son père, et ce, dès sa naissance, voire même avant. Aussi l'éthique qui soutient la bonne foi de cette parole, contre toute vérification en quête d'une garantie, ne peut jamais être mise en cause sans conséquences graves pour l'enfant, pour la mère et pour le père.

2. *La bonne foi de cette parole* est supportée par le père au-delà de son manque de garantie. Si l'homme ou l'enfant ou la société n'accordent pas à la femme le bénéfice de la bonne foi, alors il n'y a pas de père et il n'y a plus de parole de femme, les deux choses sont intimement liées. Ceci est

une question d'éthique. Celui qui doute de la parole de sa mère, il est le fils de qui ? Il s'agit toujours d'abord de croire sans garantie, comme on dit « sauter sans filet », quand nous sommes face à cette parole qui institue la paternité et valide la maternité. On pourrait certes faire des tests biologiques. Mais à partir du moment où l'on décide de faire ces tests, on n'accorde plus la bonne foi à la parole de femme où se fonde la fonction maternelle. Sa parole ne vaut guère plus que les tests biologiques qui la valident ou la contestent, elle ne vaut plus rien. Les tests biologiques, même dans une société qui pose le père comme biologique, ne confirment que le géniteur. Dans le cadre du recours à la science et à ses tests pour valider une parole de femme, père et mère perdent alors le statut symbolique qui fonde leur fonction et leur devoir éthiques, ils ne sont plus que des géniteurs sous le contrôle du groupe social. Tel est l'effet de cette dissolution des conditions du croyable dans le champ familial par la fracture qu'y introduit la dissémination des limites de l'obscène dans le champ social.

Autrefois, il y avait des institutions pour remplacer la parole de la femme et assurer le statut symbolique de la paternité en cas d'invalidation de cette parole : virginité, mariage, fidélité. Elles permettaient et permettent encore dans certaines sociétés de contrôler ou de se passer de la bonne foi de la parole de femme. En général, les sociétés ne se sont pas fiées à l'éthique des individus pour assurer un statut symbolique à la reproduction sociale. Elles y ont substitué leurs lois, leurs idéologies et leurs institutions, en particulier le mariage. L'anthropologie nous apprend sur ce point que les institutions conditionnent, forment ou suppléent à l'éthique des individus. Si les individus n'ont pas l'éthique nécessaire, si on ne peut se fier aux individus, les institutions sociales garantissent qu'il y a la suppléance de la loi, de la coutume ou des valeurs établies. Il faut donc prendre en considération le rôle de suppléance des institutions sociales. Elles garantissent les limites de l'obscène là où fait défaut le croyable. Comment dire que le père biologique est une institution comme une autre ? C'est une institution comme la virginité en est une ou en fut une. Il est évident qu'à partir du moment où on cherche qui est le père par des tests biologiques, le statut symbolique du père comme celui de la mère se trouvent subvertis et mis en cause. Qu'est-ce qu'un père ou une mère à qui on ne peut plus se fier ? En dehors de toute éthique, qu'est-ce qui instituera pour eux les limites de l'obscène ? C'est là un trait spécifique de l'agression et de la répression postmodernistes du féminin que d'enlever à sa parole la dimension du croyable pour la basculer dans l'obscène. Nous restons toujours bien sûr dans le cadre où cette parole est une parole de bonne foi, fiable comme telle, et n'est pas utilisée par la femme dans une stratégie politique de son rapport de force avec tel homme présumé père.

3. *La position éthique* qu'on attend de l'homme est qu'il croit cette parole et en supporte l'absence de garantie face à la société et pour l'enfant. On ne peut pas faire autrement. L'homme doit répondre à cette parole face à l'enfant et à la société. Sans garantie. La requête de garantie fait partie de la mise en question de la parole de femme. L'accueil de cette parole est la seule façon pour l'homme d'assumer la procréation s'il désire y prendre part. Cela implique que les liens de cette éthique masculine au désir féminin et à l'amour maternel soient tirés au clair et reconnus socialement. Une telle éthique se posant comme réponse au désir de la femme, maintient la parole de femme dans l'espace du croyable.

4. *L'engagement de l'homme* sur la base fragile de sa foi en cette parole sans garantie est un engagement qui dure jusqu'à ce que l'enfant devienne lui-même un adulte responsable de sa propre parole. On peut divorcer d'un conjoint, mais on ne peut pas divorcer d'un enfant et du statut de père. C'est toute la question de la parole donnée. Cet engagement, c'est une parole donnée à l'enfant à venir et une parole de reconnaissance de la femme comme mère. Si cette dimension est contournée, ou encore si elle n'existe pas, elle est alors remplacée par une institution sociale gardienne du seuil de l'obscène. C'est précisément ce dont s'assurent aujourd'hui l'interventionnisme de l'État et la professionnalisation des problèmes familiaux.

5. *L'infondé – l'absence de garantie – de l'éthique masculine* découle de cet engagement. Quand l'homme garantit par son éthique à l'enfant et à la société la bonne foi dans la parole de femme, il pose lui-même un acte qui n'est pas garanti. Il saute sans filet. Il n'a aucune preuve que ce qu'il a fait était ce qu'il fallait faire. Il ne peut se repérer que sur le désir de la femme. Telle est la structure du croyable. Cette structure répond à un élément simple et universel : le défaut du langage à garantir la vérité de son rapport au réel. Il n'y a aucune garantie que ce qui est dit corresponde à ce qui est. Tout être humain fait face à cette situation. Là est tout l'enjeu de la paternité. Le père doit répondre de cet écart qui signe l'inadéquation du langage à la réalité dans le lien social. On parle plus pour évoquer le désir, l'angoisse, l'espoir, le doute ou une position subjective que pour communiquer quelque information objective, et même alors le langage

fait défaut. Certes, pourra-t-on dire que la science établit des conditions qui permettent de faire correspondre à une chaîne de discours un certain nombre d'événements dans la réalité. Mais il faut contraindre la réalité, l'enfermer dans certaines conditions spécifiques pour qu'il y ait une correspondance entre une chaîne de discours et une suite d'événements dans la réalité. Normalement, le langage ne correspond pas à la réalité. Aussi, pour l'enfant qui naît à la parole, il faut une structure qui garantit l'éthique dans la façon dont il vient au monde symbolique. Et, quand il va parler, il faut une structure qui lui garantisse que les mots sont fiables, que l'Autre l'entend et qu'il peut se fier à la réponse de l'Autre. Il faut qu'il puisse croire qu'il doit partager avec ses frères et sœurs, et que ses frères, ses sœurs et lui sont égaux ; que la règle familiale est la même pour tous et qu'il n'en est ni la victime ni le « laissé pour compte ». Il faut qu'il puisse croire qu'on l'aime encore au moment même où on le punit. Si la famille ne repose pas sur la structure du croyable, c'est le psychisme même de l'individu qui est mis en cause. Car au-delà des conditions du croyable il aura à faire face aux limites de l'obscène. Et encore une fois, la signification de la paternité, c'est de représenter pour l'enfant, mais tout autant pour la mère et pour le père lui-même, au nom de la société, dans la structure familiale, le croyable, l'incontournable du croyable.

Le procréateur

Faisons un pas de plus. Le père, c'est aussi le procréateur, c'est du moins souhaitable. Qu'entend-on par là ? Le désir du père est au fondement de la structure du croyable où l'éthique de la masculinité garantit la vérité de l'acte de procréation. D'un point de vue logique, quelle est la condition nécessaire et suffisante pour qu'il y ait procréation humaine, et non simplement reproduction sociale ou biologique ? Qu'une femme désire un enfant ne suffit pas pour qu'il y ait procréation. Qu'une femme désire un enfant d'un homme ne suffit pas non plus. Qu'un homme veuille un enfant, c'est très rare, et ça n'a jamais suffi. Qu'un homme veuille un enfant d'une femme, c'est moins rare, mais ça ne saurait suffire. Aucune de ces quatre possibilités logiques ne peut suffire pour passer d'une simple reproduction biologique à cette procréation signifiante propre à l'être parlant. Reste la possibilité qu'un homme désire qu'une femme désire un enfant de lui. Mais, me direz-vous, pourquoi n'établissez-vous pas le raisonnement à partir de la femme ? Réfléchissez : peut-on, en s'en tenant au seul niveau logique, concevoir qu'il suffit qu'une femme veuille qu'un homme désire un enfant d'elle ? Logiquement, il faut au minimum que ça parte du côté de l'homme. Il faut qu'un homme veuille qu'une femme désire un enfant de lui pour que, dans la structure du croyable, le désir de la femme fonde sa paternité, et que celle-ci prenne alors la signification d'un acte procréateur. Dans cette structure logique minimale, l'objet du désir de l'homme c'est le désir de la femme. Le croyable, en effet, se soutient d'une structure qui rend compte de l'articulation logique provisoire d'un désir à un autre désir.

Quels que soient les droits que l'on développe pour les femmes et pour les enfants, quels que soient les privilèges que l'on reconnaît à telle ou telle fonction dans la parentalité, quelle que soit l'évolution sociale de ces fonctions, on ne pourra jamais faire l'économie de l'articulation d'une parole croyable à une éthique qui y réponde. À travers l'histoire, le groupe social a créé des institutions pour garantir cette articulation. Dans la modernité, nous avons fondé ces institutions sur la reconnaissance des droits et libertés individuels ; dans la postmodernité, nous avons monté la critique radicale de ces institutions au nom de ces mêmes droits individuels. Plus de virginité, plus de mariage, plus de fidélité. Mais, une fois que l'on s'est défait de ces institutions sociales de contrôle et de surveillance des sujets, reste l'invariant : ce dont on ne peut se défaire. Alors on se crée d'autres institutions de surveillance et d'autres valeurs de contrôle. Quelque part, il y a un universel, c'est ce qui constitue l'homme. Tout projet de société doit tenir compte de cet invariant au risque qu'explosent l'agressivité, la violence pure et simple, l'abus de confiance entre homme et femme, bref tous les aléas et avatars de l'obscène là où fait défaut le croyable. Ou bien l'homme se sent pris, piégé dans quelque chose parce qu'il n'a pas cru ni voulu, ou bien il se croit prisonnier d'un chantage dans lequel, elle, ne pouvant être rassurée à propos de son éthique à lui, se croit obligée de le piéger. Ou bien encore, ne pouvant compter sur son éthique après coup, se voit-elle obligée de se venger. De toute façon, la violence, qu'elle vienne de la femme après coup ou de l'homme avant, a toujours la même source. On a cru qu'en se débarrassant de la religion, on se débarrassait de la dimension du croyable, mais la religion n'était que la manifestation imaginaire et sociale du croyable. Dieu, dans l'évolution de l'humanité n'est que le nom de ce qui fait trou dans le langage, soit la contingence et l'irreprésentable de ce qui est sans garantie. Cette dimension du croyable ne se réduit pas à la religion, elle la précède et la dépasse. On ne peut pas supprimer de l'être humain ce devoir éthique fondamental qui le rend responsable de l'incertitude du rapport qu'il y a entre ce qui est dit et ce qui est.

L'autorité paternelle

Pour conclure, en m'exposant un peu plus à la critique, je dirai que la paternité, c'est l'autorité du symbolique, représentée par une fonction à l'intérieur de l'espace familial. En effet, l'autorité, c'est ce qui est croyable. Quelqu'un fait autorité quand on peut le croire sur parole. C'est très différent de l'exercice d'un pouvoir dans un rapport de force. Dès lors, on ne peut pas noyer l'autorité paternelle dans une autorité parentale. L'autorité parentale est un concept juridique qui réfère à l'exercice d'un pouvoir que la société reconnaît aux parents sous le mode de la délégation. Certes, ce concept juridique est nécessaire et l'est d'autant plus qu'il fonde la responsabilité des parents face à la société. Mais on ne saurait y noyer l'autorité paternelle comme support symbolique du croyable. L'exigence selon laquelle l'autorité doit être croyable implique que celle-ci ne peut être ramenée au concept juridique de l'autorité parentale, par ailleurs pleinement justifié. Il faut qu'il y ait une autorité parentale pour représenter le pouvoir de la société sur ses membres et les valeurs de coexistence qu'elle leur impose. Mais, pour le psychisme du sujet et pour la structure subjective de la sexualité, il faut une autorité paternelle. Je ne dis pas que c'est parce que l'homme est le père qu'il a une autorité paternelle. Loin de là. Ce n'est pas parce qu'il a la position du géniteur qu'il est le père. Il faut de plus qu'il rende cette fonction croyable et en respecte l'enjeu sans la confondre avec le pouvoir. On peut très bien avoir la position du père dans la structure sans en supporter effectivement la fonction par son éthique. C'est très précisément le problème que nous affrontons le plus souvent dans la clinique familiale. De même que celui qui est dans la position du juge ou du curé peut ne pas être croyable. Il peut manquer à l'éthique qui rend sa position fonctionnelle. Il ne suffit pas d'être dans la position du père pour être père. Mais il faut l'exiger, car la signification de la paternité, c'est de représenter la dimension du croyable dans la famille, pour la préserver de l'effraction de l'obscène qui annule toute coexistence. C'est pour cela que la fonction paternelle est toujours provisoire. Elle dure ce qu'il faut de temps au désir de l'enfant pour accéder à une éthique et à sa responsabilité de sujet.

Post scriptum

La conférence dont le texte précède n'a pas manqué de susciter un long débat parfois passionné. Nous en retiendrons le complément proposé par le conférencier à propos de l'« autorité de la femme[2] ».

J'oppose l'autorité de la femme à celle du père – et non pas de l'homme. Il s'agit de l'autorité de la femme et non de la mère. C'est la parole qui fait autorité, et ce dont il s'agit ici dans le désir et la procréation, c'est d'une parole de femme. Il y a une autorité de la femme, aussi n'y a-t-il pas d'autorité parentale dans la structure comme telle. Dans la structure, il y a une autorité de la femme qui fonde la position maternelle, et une autorité du père. La combinaison des deux ne donne pas une autorité parentale, aussi l'autorité parentale est-elle un concept juridique et social qui réfère à autre chose que le croyable.

Le croyable, c'est ce sur quoi la féminité ne peut pas céder sans conséquence grave pour le sujet féminin. Une femme a besoin qu'on la croit. Une femme ne peut pas renoncer au croyable. Je ne pose pas la question au niveau de la mère, je la pose au niveau de la femme. La mère est visible. Elle est de l'ordre du constatable, du vérifiable, et non pas du croyable. On n'a pas à croire que sa mère est sa mère. Mais la maternité n'a pas à être réduite au biologique. Pour moi, la maternité n'est que symbolique, c'est-à-dire qu'elle repose fondamentalement dans la parole d'une femme, sur le désir d'enfant, que vérifie le don du père.

Notes

1. Ce texte est la transcription de l'enregistrement d'une conférence prononcée le 20 octobre 1994. Cette transcription, effectuée par Carole Sawaya, étudiante à la maîtrise en sociologie à l'Université d'Ottawa, et supervisée par Marie-Blanche Tahon, a respecté l'oralité de l'exposé. Il est publié avec l'autorisation de l'auteur.
2. Cette formule ainsi que les intertitres sont de « l'éditrice ».

7

Pour penser la mère : distinguer privé et domestique[1]

MARIE-BLANCHE TAHON, Université d'Ottawa

Penser la mère est, me semble-t-il, une des tâches de l'heure dans ce que l'on a coutume d'appeler la sociologie de la famille ou encore la sociologie des rapports sociaux de sexe, même si l'une ne recouvre pas l'autre, puisque la sociologie de la famille traite des rapports trinaires et que la sociologie des rapports sociaux de sexe étudie des rapports binaires. Autrement dit, la sociologie des rapports sociaux de sexe tente de déterminer les conditions de possibilité des figures de l'« homme » et de la « femme » tandis que la sociologie de la famille est confrontée aux figures du « père » et de la « mère ». Le bon sens dit que les unes ne vont pas sans les autres. Peut-être. Il me paraît pourtant pertinent sur l'écart ou les écarts entre ces différentes figures.

Les progrès qu'a permis de réaliser la sociologie des rapports sociaux de sexe à ce chapitre se trouvent actuellement arrêtés, me semble-t-il, en raison de la confusion entourant les notions de « privé » et de « domestique ». Cela tient notamment, on peut le supposer, à ce que le souci de faire un sort[2] à la maternité comme « fonction naturelle » en mettant en évidence qu'elle est avant tout une « fonction sociale » est apparu en même temps que la mise en à l'avant-plan du travail domestique. Aussi la « fonction sociale » de la maternité a-t-elle été essentiellement réduite à la fonction de maternage qu'elle recouvre et a-t-elle été l'occasion de poursuivre la revendication du partage des tâches parentales : en effet, continue à être mise en évidence une répartition classique qui assigne à la mère les tâches répétitives, donc exigeant du temps et mentalement chargées, tandis que le père se charge avant tout des tâches plus instrumentales, voire plus gratifiantes. La multiplication du nombre de familles décomposées et recomposées accentue encore, semble-t-il, le trait.

Il n'y a pas lieu de nier ces constats. Encore sont-ils insuffisants pour prendre acte et mesurer les transformations qui marquent, dans les démocraties occidentales, depuis un quart de siècle, les questions généalogiques. Les figures du père et de la mère connaissent des bouleversements qui ne peuvent être compris si l'on s'en tient aux tâches domestiques, si élargies ou restreintes soient-elles. La tentation de rabattre le privé – au sein duquel les représentations seraient fondamentalement modifiées – sur le domestique – où l'incorporation de « la mémoire du familial » tendrait à fonctionner comme le dernier avatar du déterminisme sexué – a notamment pour effet de permettre, dans l'analyse sociologique, la réaffirmation à nouveaux frais de la « domination masculine », qui, si elle n'est pas immuable, (se) joue de toutes les ruses. Faut-il exclure que la mise en exergue de la « domination masculine[3] » ou de la « "mâle" résistance » procurerait aux sociologues qui l'aperçoivent des bénéfices imaginaires d'un ordre comparable à ceux que procure aux hellénistes le fait de répéter, pendant des millénaires, que c'est la femme qui imite la terre (Loraux, 1992) ?

Il n'y a pas lieu de délaisser l'examen du domestique. Il faudrait toutefois se donner les moyens de mieux cerner les rapports entre la mère et le symbolique. Là se situe, me semble-t-il, un déficit non seulement dans l'analyse sociologique, mais encore dans les repères sociétaux qui produit des effets dont nous mesurons encore mal l'ampleur. Les cris d'alarme à propos des « nouvelles technologies de reproduction » ne ratent-ils pas leur cible quand ils dénoncent les aspects éventuellement terrifiants des technologies sans les contextualiser à l'égard des questions généalogiques[4] ? Or, il est possible que ces pratiques médicalisées portent moins atteinte aux représentations traditionnelles de l'ancrage généalogique que les décisions juridiques ou non plus quotidiennes[5]. La condamnation souvent sans appel, de la part de plusieurs théoriciennes féministes, du recours aux « mères porteuses » ne peut manquer d'étonner : cette pratique ne met pas en danger la santé de la génitrice et elle a le mérite, si l'on peut dire, d'illustrer que la « vraie » mère n'est pas la mère biologique.

Quand elles prennent dans une recherche antérieure la réflexion d'une femme enceinte à propos de l'enfant qu'elle attend : « La loi est mal faite, ils portent toujours le nom du père. Je trouve que c'est un peu comme un nègre en littérature, on écrit, c'est l'autre qui signe ! », des sociologues – en l'occurrence, Danièle Combes et Anne-Marie Devreux (1994 : 45) – ne se contentent pas de la rapporter comme un bon mot. Elles l'utilisent comme une expression « ancrée dans la réalité quotidienne des rapports de sexe dans la famille » et leur servant à introduire leur analyse de l'« appropriation » des enfants entendue dans le sens de faire de quelque chose sa propriété... Ce n'est pas ici le lieu de discuter cette analyse. Je me contenterai de dire qu'il est difficile d'aborder cette question. Nous assistons, en effet, à un brouillage de la place séculaire du père sans pour autant que se crée celle de la mère.

Or, s'il n'y avait de père que par la parole — montage à l'oeuvre dans la filiation et l'alliance ; dans la transmission du nom à l'enfant de la femme dont il était le mari –, et s'il était le seul dont la parole entendue – le désaveu de paternité était presque impossible tandis que l'adultère de l'épouse était réprimé sévèrement –, cette donne a été radicalement transformée par la reconnaissance du droit des femmes à contrôler elles-mêmes leur fécondité. Dorénavant, un enfant n'est plus seulement inscrit dans l'humanité parce que son père l'inscrit dans sa lignée, il l'est aussi parce qu'une femme a explicitement dit oui à sa conception ou à sa gestation. Elle pouvait continuer à prendre la pilule ou encore prendre la décision d'avorter. Ce n'est plus à la « nature », au « hasard », à la « volonté de Dieu » ou à celle d'un homme que peut être attribuée la venue d'un enfant, mais originairement à une femme qui lui dit oui. Cette parole-là, aujourd'hui, n'est pas mise en forme. Ce qui ne l'empêche pas de sourdre. Parfois sauvagement.

La pire des solutions consisterait à retirer la parole au père pour la donner à la mère. Elle affleure parfois en l'absence de recherche d'un montage qui reconnaîtrait la parole fondatrice de l'un et de l'autre. Je me contenterai ici de souligner que la donne a changé et qu'elle exige le dépassement d'une prise en compte du seul « social », surtout quand il est réduit au « domestique ». Je tente de mettre en oeuvre ce dépassement notamment en procédant à une lecture rétrospective du lien entre maternité et citoyenneté, pour ensuite envisager celui qui existe entre « femme » et démocratie. Ce sera la première partie du texte. Dans la deuxième, j'amorcerai un questionnement sur le glissement actuellement à l'oeuvre entre « privé » et « domestique ». Elle sera divisée en deux sections : privé et familial et domestique et conjugal.

Politique

Maternité et citoyenneté

Depuis plusieurs années, je tente de clarifier les conditions imposées aux femmes dans la modernité démocratique pour qu'elles accèdent à la plénitude du statut de citoyennes[6]. Je ne suis pas la seule à m'attacher à ce sujet. Et précisément, sachant que d'autres l'abordent autrement et me référant à leurs travaux, je tente de poursuivre la réflexion en l'examinant d'un point de vue qui peut paraître différent. Plutôt que de me pencher sur l'exclusion des femmes de la citoyenneté dans la modernité démocratique, plutôt que de suivre le cheminement qui va de l'exclusion à l'inclusion, j'ai choisi la voie inverse.

Je me suis demandé quel était l'événement qui avait permis l'accession des femmes occidentales à la citoyenneté. Et il me paraît soutenable d'affirmer, assez banalement à première vue, que les femmes en Occident sont citoyennes depuis qu'elles jouissent des mêmes droits politiques et des mêmes droits civils que leurs concitoyens masculins, c'est-à-dire depuis les années 1975-1980, ou encore depuis que, sous une forme ou sous une autre, variant légèrement selon les pays occidentaux, la loi leur a reconnu le droit de contrôler elles-mêmes leur fécondité. Pour prendre un exemple très concret, en France, la loi consacrant le divorce par consentement mutuel, c'est-à-dire, à toutes fins pratiques la forme de divorce qui place époux et épouse formellement sur le même plan, a été votée six mois après la loi Veil sur l'IVG.

J'émets donc l'hypothèse que les femmes occidentales ont pu être reconnues comme citoyennes quand il a été possible de se représenter la désassimilation de la femme et de la mère, quand une femme est devenue une mère volontaire, quand une femme a mis en application « un enfant, si je veux; quand je veux[7] ». Soit, quand une femme a pu dire « je » dans le rapport de soi à soi qui constitue l'horizon d'une femme mère. Inutile de mentionner que je ne considère pas la pilule comme le sésame de la citoyenneté des femmes. La pilule est un moyen technique. Ce qui importe, c'est que, entre 1975 et 1980, parfois un peu plus tard, la loi a rompu avec un discours séculaire. Alors, en Occident, on a reconnu le droit des femmes à contrôler elles-mêmes leur fécondité. La reconnaissance de ce droit-là serait la condition *sine qua non* de l'accès des femmes à la pleine citoyenneté.

Cette hypothèse permet, par exemple, de contester l'idée – clairement énoncée par Rosanvallon dans *Le sacre du citoyen* – selon laquelle les femmes auraient été exclues de la citoyenneté en raison des « déterminations de leur sexe », *mais* que leur aurait été accordé l'accès au suffrage universel – à cette institution qui constitue la quintessence de l'individu dans l'humain – à la suite de « la transformation sociale et culturelle du rôle de la femme dans la société ». Il situe cette transformation en 1944. Cette date est là pour justifier le décret qui institue réellement le suffrage universel en France, mais elle ne correspond pas à une analyse circonstanciée.

Ce n'est pas en 1944 mais vers 1975 que les femmes ont eu les mêmes droits politiques et les mêmes droits civils que les hommes. On pourrait considérer que les femmes, pour accéder à la pleine citoyenneté, doivent être perçues comme des sujets dématernisés ; que leur accession à la citoyenneté repose sur l'enregistrement de la dissociation femme-mère par la reconnaissance du droit des femmes à contrôler elles-mêmes leur fécondité. C'est cette reconnaissance par la loi et non le moyen technique de la pilule qui importe. Toutefois, si cela était admis, cela n'empêcherait pas de considérer que, tant que les femmes ne maîtrisaient pas leur fécondité, tant que leur maternité pouvait être renvoyée au biologique, elles étaient tenues à distance du politique, de la citoyenneté. Afin de parer à l'explication – qui n'explique rien mais qui doit être expliquée – selon laquelle l'association femme-mère aurait reposé sur une assimilation de la femme-mère au biologique, à la « nature », j'ai cherché des cas historiques qui permettraient de montrer qu'a été mise en oeuvre une construction de la mère destinée à rendre représentable la citoyenneté masculine. En replaçant l'association femme et mère – et la construction de la mère à laquelle adosser la citoyenneté masculine – dans des moments historiques politiquement « forts », on pourrait soutenir que la tenue à distance des femmes du politique repose sur la construction des mères ; mères élaborées de manière telle que puisse être énoncé le fondement de la citoyenneté masculine, de l'apparaître de l'homme dans l'espace politique.

L'association femme et mère et la construction de la mère à laquelle adosser la citoyenneté masculine sont déjà décelables à Athènes[8]. C'est peut-être là que la construction de la mère est la plus immédiatement requise pour penser la citoyenneté. La condition pour qu'un homme soit citoyen est qu'il ait un père citoyen et une mère fille de citoyen. Une femme n'accède jamais à la citoyenneté, il n'y a même pas de mot pour dire Athénienne. Cela étant, la maternité est un passage obligé dans la transmission de la citoyenneté. Et un citoyen athénien est celui qui a un amour indiscutable, infragmentable pour la cité placée sous la protection d'Athéna.

Pour que l'amour du citoyen pour la cité puisse être décrété au principe de la citoyenneté, le citoyen doit avoir une mère définie, elle, sur le principe selon lequel « l'enfant prime la cité ». L'artifice qui édifie la mère athénienne est la préférence pour son fils qu'elle est susceptible d'affirmer à l'encontre de l'amour inconditionné pour la déesse qui préfère les hommes et qui le lui rendent bien. Il ne s'agit pas de l'amour maternel que les fils se plairont à glorifier quand ils deviendront romantiques puis analysés, mais du matériau requis pour fonder la citoyenneté, c'est-à-dire l'amour auquel le fils préfère l'amour de la déesse. C'est parce que sa mère est censée dire « l'enfant prime la cité » que son amour à lui pour la cité a ce prix.

Rabattre les femmes mères dans l'*oikos*, à l'instar des esclaves, comme est tentée de le faire Hannah Arendt quand elle y pense (aux femmes), ne nous apprend rien, me semble-t-il, sur cette construction. Les Athéniennes ne seraient pas exclues de l'espace public, et particulièrement de l'espace politique, parce qu'elles sont vouées aux fonctions corporelles, vouées à mener une vie laborieuse en vue de la perpétuation de l'espèce – on reconnaît là les mots de Condition de l'homme moderne (1983 : 84) –, mais parce que les citoyens athéniens construisent la mère en dehors de la cité pour qu'eux-mêmes y prennent place.

Autrement dit, les Athéniennes ne seraient pas exclues de l'espace politique parce qu'elles sont enfermées dans le domestique, mais parce qu'elles représentent une forme d'amour (celui de l'enfant) qui permet de rendre inestimable, et dès lors fondateur, l'amour de la cité. Ce ne serait donc pas le renvoi des femmes au domestique qui justifierait leur exclusion de la citoyenneté, leur non-agir et leur non-prise de parole sur l'*agora*, mais elles seraient symbolisées de manière telle qu'Athéna se trouve en puissance de fils. À Athènes, le symbolique affleurerait du côté de la mère, mais il affleurerait de manière telle que cette dernière ainsi que la femme à qui elle est associée doivent être exclues de l'espace politique.

À Rome[9], le montage concerne avant tout l'édification du père, l'arrimage de la citoyenneté à la masculinité sans la médiation de la cité. La Romaine est décrétée être « commencement et fin de sa propre famille ». Cet artifice est indispensable pour établir la puissance paternelle, pour faire du père celui qui agit au nom d'un tiers. Agir au nom d'un tiers est ce qui établit à la fois le père et le citoyen. La mère romaine est construite de manière telle que le *pater familias* peut être dégagé de tout lien avec le génétique. La mère, dans sa dénégation en tant que mère, permet au citoyen de dire sa capacité d'agir au nom d'un tiers sans que celle-ci soit fondée par une attache par le sang[10]. La mère n'est pas pour autant renvoyée au biologique, à la « nature », même si l'accouchement est tenu pour l'ultime contact de deux corps qui se séparent. La mère est « simplement » construite sans qu'il y ait d'assise institutionnelle à son « rôle ».

Pour continuer le parallèle avec Athènes, on pourrait dire qu'à Rome le symbolique n'est pas manipulé du côté de la mère. Il l'est dès avant : il est fait comme si il n'affleurait pas de ce côté. Cela se produit quand la grande affaire est la construction du père, *et par conséquent* du citoyen. Notre modernité démocratique a partiellement hérité de ce montage : c'est peut-être à cet héritage que les femmes doivent d'être aujourd'hui encore tenues éloignées de la représentation et de la fabrication de la loi (du Parlement, sans l'être nécessairement du gouvernement). Il faut encore retenir de Rome que, si la mère n'existe pas, les femmes ne sont pas totalement privées de droits autres que politiques et familiaux, comme si l'*impasse* construite sur la mère permettait cet affleurement.

La mère républicaine de la Révolution française est une autre figure qui illustre l'incompatibilité *construite* entre maternité et accès au politique. Le plus souvent, on retient de la période révolutionnaire le refus de reconnaître des droits politiques aux femmes. Ce n'est certes pas faux, mais c'est insuffisant. En effet, alors, les femmes – et singulièrement en ce qui touche à la famille[11] – ont des droits civils : au-delà du fait que les fils et les filles sont égaux devant l'héritage, l'autorité parentale remplace la puissance paternelle et époux et épouse sont égaux face au divorce par consentement mutuel. On assiste à une sorte de renversement du socle familial : les parents ont moins des droits sur leurs enfants que des devoirs à leur égard, et en particulier le devoir d'en faire de bons citoyens. La mère a un rôle à jouer dans cette représentation – aussi a-t-elle des droits –, un rôle qui n'est pas le doublet de celui du père.

Pour pouvoir le jouer, elle doit être tenue à distance de l'espace politique qui est aussi le lieu de la fureur et du sang. Considérer cette tenue à distance comme un renvoi au privé, ou pis encore au domestique, empêche de voir que l'artifice de la *mère républicaine* est nécessaire pour que soit pensable la fraternité. Pour que les hommes puissent être dits frères dans l'espace politique, pour que les frères puissent s'aimer et s'entretuer, il faut que la mère républicaine apparaisse dans le hors-champ de la terreur, comme celle qui n'a pas partie liée avec le politique mais avec les moeurs qu'elle est censée blanchir. La mère républicaine, délestée de tout droit politique, permet au citoyen de se camper en « homme régénéré[12] ».

De nouveau, comme à Athènes, le symbolique affleure du côté de la mère et il affleure de manière telle qu'elle est refoulée du politique. À ce moment aussi, la construction du citoyen vient en premier. Ici, le montage vise le citoyen-frère. Et non pas, comme à Rome, le citoyen-père ou, plus justement, le père-citoyen. À Athènes, il se pourrait que le montage visait le citoyen-fils d'Athéna. La mère républicaine française a, comme son appellation l'indique, une vie extrêmement brève. Avec le Code Napoléon, elle a sombré. Elle a pourtant émergé et elle a émergé au moment de la fondation.

Ces trois constructions différenciées de la mère ont en commun de mettre en évidence que la maternité est le lieu d'un artifice et que c'est sur cet artifice, sur cette mère ainsi construite que repose la représentation de la citoyenneté en son principe originel – à chaque fois différent selon le projet politique (l'amour de la cité à Athènes ; l'engagement de la parole au nom d'un tiers à Rome ; la fraternité en 1789). L'imaginaire politique occidental reposerait sur l'incompatibilité de principe entre maternité et citoyenneté. Elle ne s'explique pas par une réduction de la maternité au biologique ni, non plus, par son renvoi au domestique.

« Femme » et démocratie

Si la citoyenneté repose sur une construction de la maternité qui les rend incompatibles, la femme ne pouvait devenir pleinement citoyenne que lorsqu'elle pouvait être désassimilée de la mère, que lorsqu'elle pouvait être perçue comme un sujet dématernisé. À supposer que cette proposition soit valable, cela signifierait que désormais la femme est un individu – c'est-à-dire un sujet politique – comme l'homme. S'enchaînent aussitôt des questions autour de l'émergence de la femme-individu et de sa concrétisation qu'il n'est pas aisé de démêler.

Entamons le questionnement en étant attentifs à ce qui s'énonce actuellement sous la notion de « démocratie paritaire ». Pourquoi, si la femme est, comme l'homme, un sujet politique, la représentation politique reste-t-elle encore à ce point « hommosexuée » ? L'expression « représentation politique » doit ici être entendue dans un sens immédiatement descriptif, elle désigne la capacité de s'engager au nom d'un tiers et, donc, ultimement, de fabriquer la loi : les femmes sont encore très peu présentes dans les parlements (sauf dans les pays scandinaves). Mais l'expression « représentation politique » peut aussi être entendue comme la représentation que l'on se fait du politique et singulièrement dans la démocratie représentative, dans la démocratie moderne. On peut évoquer le « retard » à rattraper. Encore que l'on puisse se demander en quoi cet handicap chronologique serait tellement plus lourd à surmonter que celui qui touchait l'accès des filles à l'enseignement supérieur et sensiblement plus lourd que celui qui touchait l'accès des femmes à des postes de responsabilité dans le travail professionnel. Il n'y a pas lieu de prétendre que l'égalité des hommes et des femmes est chose réalisée dans le professionnel et la scolarisation, on peut toutefois observer que l'inégalité y a été partiellement réduite alors qu'elle ne l'a quasiment pas été sur le plan de la représentation politique.

La revendication de la démocratie paritaire[13] pose de redoutables problèmes sur lesquels il vaut la peine de se pencher. Elle a la logique pour elle. Non seulement sur le plan statistique, pourrait-on dire, mais surtout en ce qu'elle tente de déjouer le piège pour le prendre à son propre jeu. En effet, pendant presque deux cents ans, les femmes ont été exclues de la citoyenneté, exclues du politique, parce qu'elles étaient des femmes. L'appartenance de sexe jouait comme principe d'exclusion. Principe d'exclusion infranchissable. Si les mineurs finissent par devenir majeurs, si les étrangers peuvent être « naturalisés » et devenir des nationaux, les femmes ne peuvent, semble-t-il, devenir des hommes. Ce ne sont donc pas les féministes de la parité qui ont inventé la catégorie politique des femmes. Elles tentent seulement, aujourd'hui, de l'utiliser, de lui prendre ce qu'elle contient : si les femmes constituent une catégorie politique, la catégorie politique qui fait couple avec la catégorie politique des hommes, il est logique que cette catégorie soit représentante et représentative à ce titre.

La revendication de la parité ne pèche donc pas par un défaut de logique, ni non plus par un défaut de politique, ou par une perspective pré-politique. Elle récuse l'universalité telle que mise au point par les hommes pendant deux siècles. Rien ne les retenait de parler de suffrage universel alors qu'il était seulement exclusivement masculin. Les femmes auraient moins à intégrer l'universalité telle que biséculairement définie qu'à tirer les ultimes conséquences (et les faire admettre) de ce qu'elles constituent une des deux branches de l'universalité, et à ce titre, dignes d'être des représentantes.

Cette perspective suscite pourtant un malaise. Elle met en effet radicalement en cause le principe d'individuation sur lequel s'est construite la modernité démocratique occidentale. Et pourtant, cette remise en cause repose sur ce que désormais rien ne contredit plus ou n'interdit plus la représentation des femmes comme des individus. Cette revendication confirmerait donc que la démocratie repose sur l'existence des individus... à condition que les femmes ne soient pas des individus. Ou, pour être reconnues pleinement comme des individus, les femmes doivent se désigner comme femmes et réclamer à ce titre d'être sujets politiques. La revendication de la démocratie paritaire apporte donc un noeud de problèmes qu'il est difficile de dénouer. Je n'y parviendrai pas mais j'énoncerai quelques remarques susceptibles d'entamer le dénouage.

Plaçons-nous un instant du côté de la modernité démocratique, de la représentation moderne de la démocratie. Une lecture attentive (Tahon, 1996) de deux articles de Lefort (1981 et 1986) m'a permis de trouver ce que j'y cherchais : une confirmation de ce que « femme » supposait « sujet dématernisé ». Pour pouvoir penser « femme », il fallait pouvoir la penser désassimilée de la mère. Mais cette lecture m'a réservé une surprise. Si, pendant près de deux siècles, la construction de « mère », exclue du politique, permettait de se représenter, contre toute aspiration spontanée, que le pouvoir est un lieu vide, le terme « femme » indique que l'être de sexe féminin est inclus dans le politique, toutefois l'évocation même de ce terme, par le philosophe, dans l'instance politique, dans l'instance de l'individu abstrait, le recours, donc, à la « complémentarité des sexes », révèle que le mot « femme » serait celui qui désigne que le sujet politique est un sujet divisé.

Autrement dit, le mot « femme » n'apparaît dans le registre du politique que lorsqu'il y a eu dématernisation, que lorsque la dématernisation est pensable. Avant la dématernisation, la « femme » n'avait pas les mêmes droits politiques et civils que l'homme. Avec la dématernisation, elle les obtient. Elle est donc assimilable à « homme ». Toutefois, elle reste désignée comme « femme » pour rappeler que l'homme (total) est une chimère antipolitique. La démocratie repose sur le sujet politique, mais sur le sujet politique divisé. Il y a un « reste » indéterminé. Tant que femme était assimilée à mère, la ligne de clivage était simple, pourrait-on dire, seul l'homme était sujet politique. C'est *elle* qui incarnait l'idée de division. Quand la femme est sujet dématernisé – condition pour qu'elle soit sujet politique –, c'est *en elle* que continue à être projetée l'idée de division. C'est cela la raison d'être de « femme » en politique. Incluse, elle doit continuer à être ainsi dénommée pour que subsiste l'idée du reste, la possibilité de dire qu'il y a un « lieu vide ».

On n'est donc plus dans l'ordre de l'exclusion sociologique puisqu'il y a eu dématernisation mais dans l'ordre de la référence. Il faut de la « femme » non plus pour se représenter la citoyenneté – masculine comme à Athènes, à Rome et en 1789 ; alors c'était de la « mère » qu'il fallait – mais il faut de la « femme » pour se représenter la spécificité du régime démocratique.

Si cette reconstruction de la perspective de Lefort n'est pas fausse[14], il est clair que revendiquer la démocratie paritaire est un non-sens. La démocratie paritaire irait à l'encontre de l'idée de démocratie. Elle la rendrait désormais impensable. On pourrait toutefois se demander au nom de quoi les êtres de sexe féminin seraient condamnés à incarner la figure éthérée de l'idée de démocratie. N'y aurait-il pas une autre métaphore pour la rendre ? La question est d'autant plus pressante que, sociologiquement, les femmes sont perçues et se perçoivent comme des individus.

À un premier niveau, les femmes sont perçues et se perçoivent comme des individus quand chacune peut affirmer « un enfant si je veux, quand je veux ». C'est là que se donne à lire la dématernisation. C'est là que s'exprime la reconnaissance du droit de la femme à contrôler elle-même sa fécondité. La reconnaissance du droit de la femme à contrôler elle-même sa fécondité ne doit pas être confondu avec le droit à l'avortement. L'avortement, me semble-t-il, ne relève pas d'un droit, mais d'une liberté. Parler du droit d'une femme à avorter pose immanquablement le droit du foetus à la vie et le droit d'un homme à l'incarnation de l'un de ses spermatozoïdes. Préférer, ainsi que semble le faire Philippe Raynaud (1992), que le « droit à l'avortement » ait une portée politique (comme en France) plutôt que constitutionnelle (comme aux États-Unis) ne résout pas la difficulté, même s'il est susceptible de l'atténuer.

Reconnaître que chaque femme a le droit de contrôler sa fécondité, qu'elle est maîtresse de son corps, revient à lui reconnaître la *liberté* de l'avortement. C'est en conscience, parce qu'elle est un individu doué de raison, qu'il revient à chaque femme de décider si elle veut mener une grossesse à terme ou non (avortement), si elle veut être enceinte ou non (contraception active). Dans un article où il soutient que le foetus n'est pas une personne constitutionnelle tout en étant un être humain, Dworkin (1989) rapporte le résultat d'un sondage dont, me semble-t-il, il ne tire pas toutes les conséquences sur le plan de l'argumentation. D'après ce sondage, « 61 % des Américains estiment que l'avortement est immoral ; 57 % vont jusqu'à le considérer comme un meurtre ; et pourtant 74 % affirment que "l'avortement est une décision personnelle qui doit être prise par chaque femme pour elle-même" ». Les trois quarts des Américains sondés reconnaissent donc, me semble-t-il, la *liberté* de l'avortement, bien que 57 % au moins sont persuadés que le foetus est un être humain et que l'éliminer, c'est procéder à un meurtre. La confusion entre « droit à l'avortement » et « liberté de l'avortement » n'est pas sans conséquence pour les promotrices et les promoteurs du droit des femmes à contrôler elles-mêmes leur fécondité. Si les militantes (et les militants) de *pro-choix* semblent perdre du terrain par rapport aux militants (et militantes) de *pro-vie*, ne serait-ce pas parce que les premières ont accepté, sans débat, de se placer sur le terrain des seconds : celui du droit, et, donc, du non-droit à l'avortement ? Ce qui illustre la difficulté qu'a éprouvée et que continue à éprouver le mouvement féministe à se penser comme mouvement politique. Qu'il ait été théorisé comme mouvement social, qui plus est « nouveau », n'a rien éclairci.

La reconnaissance du droit des femmes à contrôler leur fécondité consacre politiquement le fait que désormais elles sont des individus qui ne sont plus stigmatisés par les « déterminations de leur sexe », pour reprendre l'expression dont abuse Rosanvallon. Autrement dit, la citoyenneté de la femme – qui suppose qu'elle est représentable comme sujet dématernisé – s'inscrit dans la modernité démocratique, *réalise* la modernité démocratique, qui, dorénavant, ne porte plus le stigmate d'une exclusion injustifiable parce qu'insurpassable – l'âge et la non-nationalité sont, eux, susceptibles d'être dépassés. La femme, dégagée des déterminations de son sexe, est un individu, c'est-à-dire un sujet politique. Comme l'homme. La comparaison abrupte ne manque pas de laisser songeur.

En effet, on pourrait immédiatement objecter – et des théoriciennes féministes ne se sont pas fait faute de le faire – que l'homme, lui, n'a jamais été pensé comme lié aux déterminations de son sexe. Plus précisément, l'homme, lui, a toujours été pensé comme non lié aux déterminations de son sexe. En un mot, les seules déterminations qui, au chapitre du sexe, ont compté, sont celles du sexe féminin. Ce qui apparaît incontestable. Face à ce constat, la position théorique crédible me paraît résider non pas dans la négation du lien entre le biologique et la maternité, mais dans la déconstruction de la construction (différenciée) de la maternité dans son incompatibilité programmée avec la citoyenneté. Cette démarche est susceptible de mettre en lumière le patient travail d'occultation, de refoulement qu'impliquent les montages présents dans la représentation du politique, plutôt que de se limiter à montrer le résultat qui, lui, pose la « question des femmes » en politique.

Or, au nom de quoi peut-on prétendre que ce sont les femmes qui font problème, que ce sont elles qui sont inadéquates ? Condorcet déjà avait fait un sort à cette question[15]. Pour se représenter, le politique a eu recours à la figure de la mère pour incarner le soutien auquel adosser la citoyenneté. Il se pourrait que, dans la modernité démocratique réalisée, ce soit la femme qui soit appelée à incarner l'ados. Face à ce montage remonté, les femmes ne doivent pas revendiquer le droit à l'avortement, elles doivent en assumer la liberté. Si une telle démarche était adoptée, on mettrait au rancart une expression incongrue qui est utilisée depuis quelques années dans les forums internationaux organisés par une instance transnationale – l'ONU – dégagée de tout rapport au territoire et donc à la citoyenneté : les « droits des femmes ».

Si la revendication de la démocratie paritaire peut difficilement être condamnée au nom de la logique historico-politique et d'un renvoi au pré-politique, il n'en va pas de même de cette notion de « droits des femmes ». Elle concentre probablement en elle le pire de ce que l'on désigne dorénavant paresseusement par la « rectitude politique ». Que les femmes elles-mêmes revendiquent des droits subjectifs, distincts des droits de l'homme et du citoyen, constitue, me semble-t-il, une régression dangereuse, d'un autre ordre que ce à quoi renvoie la tentative de piéger la construction de la catégorie politique « femmes » sur son propre terrain – comme les arguments les plus cohérents des théoriciennes de la démocratie paritaire tentent de le faire. L'expression « droits des femmes » témoigne bien de la confusion entre sphère publique et sphère privée, du fait de la confusion du privé et du domestique. J'y reviendrai dans la seconde partie.

Le second niveau où est mise en scène l'émergence de la femme-individu renvoie au marché de l'emploi. Que les femmes y soient massivement entrées à la fin des années 60 et qu'elles s'y soient maintenues en très grand nombre, quels que soient les circonstances de leur vie familiale et les soubresauts de la conjoncture économique, indique que les femmes sont vues et se perçoivent elles-mêmes comme des « prolétaires ». Ce terme n'est certes pas utilisé ici par hasard. Il l'est dans un sens marxien mais encore en distanciation à l'égard du sens romain. On sait en effet qu'à Rome, le prolétaire appartenait à la dernière classe du peuple, il était exempt d'impôt, et ne pouvant être utile à l'État que par sa descendance (*proles*). On pourrait dire que les femmes ont été, par excellence, les prolétaires, au sens romain, à travers tous les modes de production. Encore aurait-il fallu que leur part dans cette utilité soit reconnue. Ce que l'énoncé de la loi s'est généralement employé à occulter[16].

Aujourd'hui, précisément, il est reconnu aux femmes – du fait de la reconnaissance de leur droit à contrôler elles-mêmes leur fécondité – que leur utilité à l'État ne se limite pas à leur part dans la descendance, même si cette part est, par là même, elle aussi enfin admise. Elles sont perçues et se perçoivent comme des individus qui vendent leur force de travail et non plus comme des assujetties dont c'est la personne qui est appropriée. De ce point de vue, ce qui pouvait passer pour l'utopie d'Engels – l'entrée de tout le sexe féminin dans l'industrie publique comme condition de la libération des femmes – s'est effectivement réalisé. Les femmes sont désormais des individus, aussi, parce qu'elles sont des travailleurs salariés.

Il est possible que la dénonciation des conditions de production du travail domestique, de la double journée, etc., produite par des théoriciennes féministes, ait servi d'écran à la prise en compte de la révolution anthropologique que constitue la caducité de ladite division sexuelle du travail. Division sexuelle du travail qui, le plus souvent, a été prise trop spontanément au pied de la lettre et dès lors retraduite dans l'opposition entre tâches nobles (masculines) et tâches non gratifiantes ni gratifiées (féminines). Là est sans doute le résultat sociologique de la division sexuelle du travail. Toutefois une lecture attentive de Lévi-Strauss (par exemple) théorisant les observations de Mead, incitait à saisir que ladite division sexuelle du travail n'avait rien à voir avec l'appartenance (biologique) de sexe, mais tout à voir avec une construction culturelle susceptible de fonder la complémentarité des sexes. Non seulement une tâche « masculine » dans une société pouvait être « féminine » dans une société voisine, mais surtout, une tâche « masculine » dans une société ne pouvait, là, être accomplie par une « femme ». Et inversement.

Seuls la gestation, l'accouchement et l'allaitement étaient des tâches partout et toujours attribuées aux femmes. La division sexuelle du travail, éminemment culturelle[17], en plus de consacrer la complémentarité des sexes, de fonder l'hétérosexualité, a aussi permis de l'occulter. Mais, la naturalisation de la gestation, de l'accouchement et de l'allaitement, certes implicite dans leur occultation, n'a-t-elle pas été renforcée par une lecture féministe qui voulait y voir la trame de l'oppression des femmes ? Françoise Héritier (1996 : 23) lui fait un sort lorsqu'elle écrit :

> Je me considère donc comme matérialiste : je pars véritablement du biologique pour expliquer comment se sont mis en place aussi bien des institutions sociales que des systèmes de représentations et de pensée, mais en posant en pétition de principe que ce donné biologique universel, réduit à ses composantes essentielles, irréductibles, ne peut avoir une seule et unique traduction, et que toutes les combinaisons logiquement possibles, dans les deux sens du terme – mathématiques, pensables –, ont été explorées et réalisées par les hommes en société.

La caducité de la division sexuelle du travail est aujourd'hui formellement enregistrée en Occident – aucune profession n'est plus interdite aux femmes, sinon la prêtrise dans l'Église catholique. Sa contemporanéité avec la reconnaissance du droit des femmes à contrôler elles-mêmes leur fécondité peut-elle être imputée à un heureux hasard ? Comme si la prolétaire marxienne ne pouvait advenir que lorsqu'était reconnue l'utilité de la prolétaire romaine. Leur conjonction entraînant l'érosion de ladite division sexuelle du travail. On aura compris que je veux moins ici souligner l'importance de l'« indépendance économique » des femmes – elle reste très relative, singulièrement d'ailleurs, pour les gynéparentales[18], en particulier là où l'État-providence n'est pas social-démocrate (Lefaucheur, 1992) – que l'importance de l'émergence de la représentation, par elles et par les autres, de la femme-individu à qui est reconnu la possession d'une force de travail détachable d'elle-même, de l'« en soi-même[19] ». Cette reconnaissance-là bouleverse à jamais les rapports domestiques même si ce sont les femmes qui continuent à accomplir la majeure partie des tâches domestiques et à en assumer la gestion. Ce bouleversement ne se donne à lire que si l'on prend soin de creuser l'écart entre « domestique » et « privé ». L'entreprise de recouvrement de l'un et de l'autre ne pourrait-elle être regardée comme un ultime effort pour résister à l'enregistrement de l'émergence de la femme-individu ?

Privé et domestique

Si le slogan « un enfant, si je veux, quand je veux » peut, me semble-t-il, être tenu pour *le* slogan qui exprime au plus juste le mouvement néoféministe[20] qui prend corps à la fin des années 60, celui qui prétendait que « le privé est politique » est lesté d'une charge qui continue à produire des effets annihilants sur la compréhension de ce que Norbert Elias considère être « la plus grande révolution dans toute l'histoire des sociétés occidentales » : l'accession des femmes à une identité propre et la situation de crise qu'ouvre dans notre civilisation l'apparition de la femme « libérée ».

Sans en être l'unique responsable, il est probable que ce slogan : « le privé est politique » a contribué à réduire le privé en le spatialisant, en l'enfermant entre les murs de la *domus*. Métaphore spatiale qui aurait suscité et entretenu la confusion du privé, du familial, du domestique et de l'intime. Pateman n'est-elle pas allée jusqu'à écrire que « *the personal is the political* » ? Je partage le point de vue d'Irène Théry (1995 : 214) selon lequel cette métaphore spatiale aurait contribué à naturaliser la distinction privé/public. Avec, notamment, la possibilité que les « droits » subjectifs – elle cite les droits des femmes, mais encore les droits des pères et les droits des enfants – se substituent au droit.

Il se pourrait que la naturalisation de cette distinction (privé/public) soit due entre autres à la confusion entre « familial » et « domestique ». Confusion qui illustre, me semble-t-il, l'effet pervers de l'indistinction entre « femme » et « homme » d'une part, entre « mère » et « père », d'autre part. Soit une confusion entre l'objet « rapports sociaux de sexe » et l'objet « famille ». Il n'est pas exclu que la volonté d'établir une « classe des femmes » ait largement alimenté cette confusion. Établissement d'une « classe des femmes » dont le substrat reposait, dans une perspective assez mécaniste, sur le travail, en l'occurrence le travail domestique. La notion d'« appropriation », si séduisante qu'elle ait pu apparaître en son temps, a probablement contribué à amener cette succession de confusions.

Sans aller jusque là, il est possible que le projet d'articuler rapports de production et rapports de reproduction en liaison avec les rapports sociaux de sexe, si fructueux qu'il fût, ait également contribué à entretenir cette confusion. Il va sans dire, mais il n'est peut-être pas inutile de le préciser, que cette problématique a marqué des avancées théoriques significatives que j'ai utilisées dans mon enseignement et mes recherches. Le questionnement ici mis en oeuvre relève donc en partie d'un auto-questionnement. Je l'avais amorcé, avec Geneviève de Pesloüan en 1987[21]. Deux séries de problèmes peuvent être épinglés et elles se rejoignent. La première a trait précisément aux rapports famille-travail désormais articulés. Autant il était nécessaire de rompre avec une relative étanchéité entre sociologie du travail et sociologie de la famille, autant l'articulation des objets tend à subordonner la famille au travail, la mère à la travailleuse. Comme si la mère était seulement celle qui accomplit les « tâches de maternage » ou qui remplit les « devoirs parentaux ». Cette réduction de la mère à du faire – sur le modèle du travail domestique – est rendue possible par la seconde série de problèmes qui concerne à la représentation de l'enfant. Sa production est assez facilement rabattue sur le modèle de la production des biens. Cette perspective est encore amplifiée quand, pour faire émerger la « production des êtres », c'est à la notion d'appropriation que l'on fait appel (Combes et Devreux, 1994).

Face à ces deux réductionnismes (mère-travailleuse/enfant produit comme un bien), la distance prise par Godard (1992) à l'égard d'une vision d'une société totalement balkanisée en sous-cultures familiales de classe, qu'il exprime en écrivant (1992 : 14)

> les rapports père-enfants ou mère-enfants découlent de matrices symboliques communes à une même société et qui

généralement ont quelque chose à voir avec l'histoire de la constitution de l'espace public, diront certains, de la forme d'État, diront d'autres.

pourrait aussi être mise en oeuvre dans une articulation théorique du privé et du domestique qui ne soumet pas le premier au second. Ce serait cette articulation qui pourrait constituer le familial. Je vais tenter de l'esquisser.

Privé et familial

Le « familial » conçu comme l'articulation du « privé » et du « domestique » suppose un retour sur le « privé » en ce qu'il n'est pas immédiatement confondu avec le « domestique ». Pour faire émerger le « familial », il s'agirait, dans un premier temps, de travailler l'écart entre « privé » et « domestique », en tentant de découvrir dans le « privé » des éléments qui le rattachent au « familial ». Cela pourrait paraître banal mais il n'est pas inutile de rappeler que la notion de privé comporte de multiples sens. Même chez Hannah Arendt qui tend à devenir la référence en la matière dans la théorisation féministe contemporaine, Françoise Collin, grâce à qui la découverte de la philosophe a été rendue accessible dans l'aire féministe, le note clairement dès son article de 1986.

Dès cet article, suivi notamment de « N'Être » (1989), Collin fait émerger la notion de « natalité ». Essayons d'en retracer le cheminement. Si, *Condition de l'homme moderne* renvoie le privé à la sphère des besoins (Collin, 1986 : 48),

> le privé, qui dans la cité grecque, est si clairement séparé du public qu'il est assumé par une catégorie particulière d'individus : les femmes et les esclaves, chargés du soin de la maisonnée et de tout ce qui concerne l'entretien et la reproduction de la vie. C'est la sphère des besoins.

Collin remarque pourtant immédiatement (je souligne) :

> De cette coupure entre le public et le privé, la pensée d'Arendt va toujours garder trace, même si cette trace s'atténue, se déplace, se complexifie. C'est une coupure qui régit d'ailleurs assez généralement la pensée occidentale (comme la coupure de la nature et de la culture) et qui a jusqu'à ce jour légitimé parallèlement la division des sexes. Dans ce moment-là de sa

réflexion, Arendt ne la remet pas en cause et *ne s'interroge même pas sur la confusion des structures et des personnes qu'elle semble autoriser*. Si soucieuse ailleurs des problèmes d'exclusion, elle entérine simplement celle-ci comme un fait. Non seulement le privé est distinct du public, mais certains individus semblent destinés au public, d'autres au privé, hiérarchiquement rapportés. Dans ce contexte, la vie privée est confinement dans la circularité animale. Certains sont voués à l'entretien de la vie, et à une socialité « naturelle », celle de la famille, d'autres (les hommes libres) au monde public. Or, la vie privée signifie pour ceux qui y sont confinés la « privation » – privation de tous droits qui leur permettraient d'apparaître, de prendre place dans la communauté.

Mais Collin met également en évidence un autre sens arendtien du privé que la philosophe attribue au monde moderne lorsque c'est le social qui devient antagonique du politique. Alors (*ibid.* : 50-52) :

Le privé se trouve en quelque sorte revalorisé comme poche de résistance à la trivialité du social : richesse de l'intime, du secret, où chacun peut trouver au moins une certaine chaleur dans la connivence mais aussi amorce du propre, dont la propriété (la maison) serait la forme à partir de quoi l'accès au public, l'apparition, devient possible. Le privé n'en demeure pas moins séparé du public, mais il en est montré comme l'horizon, et même l'horizon nécessaire.
[...] Sur ce versant de l'analyse, qui rend au privé sa consistance, l'accent n'est plus mis tellement sur l'ordre des besoins (élargi à l'ensemble de la vie socio-économique) mais sur la dimension du sentiment, et plus particulièrement de l'amour. L'opposition privé/public se déplace alors vers l'opposition entre ce qui est caché, et doit rester caché, et ce qui doit apparaître.

C'est alors que Collin, lisant Arendt, fait place à la natalité : « La condition de la natalité indique que l'histoire n'est pas répétition ou développement du même mais ouverture du temps. L'événement est possible parce qu'il y a de nouveaux nés, de nouveaux venus. Chaque être humain est inaugural » (*ibid.* : 55). Et cette place se situerait, lui semble-t-il, entre privé et public. Elle propose (*ibid.* : 56) :

> Bien que la philosophe ne le fasse pas elle-même, on ne peut manquer de remarquer que la naissance est à la fois inscrite dans ce qu'il y a de plus privé – au sens grec – et facteur d'apparition publique.

La naissance comme « facteur d'apparition publique » pourrait constituer une des métaphores pour exprimer la place du familial dans l'articulation du privé (dès lors non réductible à ce qui concerne l'entretien et la reproduction de la vie) et du domestique (qui pourrait être vu comme la sphère des besoins). Sans continuer la lecture pénétrante de Collin, et au risque d'abandonner des éléments de sa réflexion susceptibles d'enrichir cette perspective, je tenterai ici rapidement de montrer les possibilités que peut offrir la prise en compte de la naissance comme « facteur d'apparition publique » dans le champ de la sociologie de la famille.

La naissance comme « facteur d'apparition publique » suppose la prise en compte de montages institutionnels. Chaque être humain est inaugural parce qu'il est un nouveau venu. Nouveau est certes consubstantiel de l'événement mais venu l'est tout autant. Le familial serait ce qui accueille, fait place, au (nouveau) venu. Le familial serait ce qui indique au (nouveau) venu qu'il ne vient pas de rien. C'est parce qu'il ne vient pas de rien que son apparition peut être publique. Pour le dire fortement, comme dirait Legendre[22], un enfant ne naît pas de sortir du sexe d'une femme. La naissance n'est pas la séparation de deux corps.

Dans nos représentations occidentales, jusqu'à il y a peu, un enfant naît quand il a un père et une mère et qu'il porte le nom de son grand-père paternel, qu'il reçoit un nom *propre* dont il n'est pas propriétaire. Il le reçoit en partage et en promesse de transmission. L'enfant est ainsi institué deux fois dans l'ordre de la trinité : il occupe sa place dans la trinité avec son père et sa mère ; il l'occupe dans la trinité avec son père et son grand-père. Il occupe cette place grâce à des « rites d'institution ». J'emprunte le terme et sa configuration à Bourdieu (1982), même si lui, me semble-t-il, ne le fait pas jouer à propos de la *déclaration à l'état civil*.

Or, la déclaration à l'*état civil* – l'imposition du nom propre, mais encore la publicité donnée à la naissance, publicité inscrite immédiatement dans un vivre-en-commun (état civil) – pourrait constituer l'« acte inaugural de constitution, de fondation, voire d'invention » (Bourdieu, 1982 : 129), le plus inaugural. Celui qui transcende les différences entre les classes sociales, le rang dans la fratrie et même les sexes. Les fils de sexe féminin ont un nom propre, le nom de leur grand-père paternel, tout comme les fils de sexe masculin. Le plus inaugural aussi, en ce sens que la déclaration à l'état civil agit sur le réel en agissant sur la représentation du réel, elle marque la ligne, la frontière entre être personne et être quelqu'un.

Ce rite d'institution sera suivi d'une longue série d'autres rites d'institution qui, eux, imposeront une essence sociale : par exemple, c'est celui que cite d'abord Bourdieu, de la circoncision qui institue la ligne entre le garçon et les fillettes et les femmes. Mais, l'imposition du nom propre – quel que soit ce nom (par exemple, noble ou roturier) –, l'acte de l'imposition du nom propre impose inauguralement un droit d'être un humain, un vivant-parlant, et un devoir d'être un humain, un vivant-parlant. Il transcende les différences subséquentes. Ce serait cela l'apparition publique. Elle ne distingue pas les fils de sexe masculin et les fils de sexe féminin[23].

Ce rite d'institution inaugural prend place, on l'a dit, dans une double trinité : avec le père et la mère, avec le père et son père. Là s'inscrit certes une frontière entre le masculin et le féminin. Elle n'entache pas l'institution de l'enfant, mais elle fonde la figure de père et la figure de mère. Ce qu'il n'y a pas lieu de confondre pour, précisément, approcher la catégorie du « familial ». Le père est celui qui transmet le nom de son père. La mère est celui qui ne transmet pas le nom de son père. Le rite d'institution inaugural qui institue l'enfant en tant qu'enfant (qu'il soit masculin ou féminin) se prolongera pour l'enfant masculin dans l'institution du père et s'interrompra pour l'enfant féminin dans l'institution de la mère.

Faire de la déclaration à l'état civil, de l'imposition du nom propre, le rite d'institution inaugural de l'enfant, de tout enfant, permettrait, me semble-t-il, de dénouer un ensemble de liens qui certes se nouent mais qui, en leur nouage, font surgir des figures à différencier. Cela permettrait aussi d'échapper à la confusion des structures et des personnes, ou, au moins, de l'interroger, ce que ne ferait pas Arendt, selon Collin, dans sa coupure entre public et privé, quand ce dernier est assimilé à la sphère des besoins. Considérer la déclaration à l'état civil comme le rite d'institution inaugural permettrait de maintenir l'« amorce du propre », mais en la déplaçant de la maison (avec ce qu'elle comporte de connivence *domestique*) au nom. Nom propre qui rend possible et reconnaît l'apparition en public. Mais, on l'a dit, nom propre qui ne donne pas un titre de propriété individualisé. Il est reçu en partage et en promesse de transmission. Il pourrait représenter le don par excellence.

L'enfant-fille, comme l'enfant-fils, naît d'être institué. Pour l'enfant-fille aussi, la naissance est « facteur d'apparition publique ». Et dans la modernité démocratique en tout cas, cette apparition publique se joue de la même manière, sur le même registre, que pour l'enfant-fils : la déclaration à l'état civil. La prise en compte de cet inaugural ne remettrait pas *ipso facto* en cause que « c'est l'observation de la différence des sexes qui est au fondement de toute pensée, aussi bien traditionnelle que scientifique » (Héritier, 1996 : 19), ni que « la valence différentielle des sexes » (*ibid.* : 29) fait partie de « cet ensemble d'armatures soudées les unes aux autres que sont la prohibition de l'inceste, la répartition sexuelle des tâches, une forme légale ou reconnue d'union stable », mais elle aurait le mérite de laisser du jeu là où, par prétérition, il est communément admis que les différences biologiques entre les sexes seraient des différences préexistantes. Préexistantes à quoi ?

Sans revenir sur ce que j'ai dit de la construction de la mère à Athènes, à Rome et en 1789, dans son rapport à la construction de la citoyenneté, je voudrais pourtant souligner que définir la mère comme « celui qui ne transmet pas le nom de son père » n'autorise pas à la placer du côté du biologique ou de la « nature » et encore moins à prétendre que cette non-transmission constitue une expression de l'appropriation des produits de son corps. Un enfant – institué, mais il n'en est pas d'autres – n'est pas le produit du corps d'une femme. L'enfant fait la mère, il ne la renvoie pas à la nature, au biologique, sinon lui-même serait ininstituable. Par ailleurs, même si les données anthropologiques, historiques et sociologiques ne sont pas particulièrement fournies en la matière – ce qui est certes questionnable –, la « délivrance » est très généralement un moment socialisé et demeure, le plus souvent, un moment fort de la « culture féminine[24] ».

Cela dit, il reste que l'institution de la mère est moins publiquement éclatante que l'institution du père, qui se donne immédiatement à lire dans la transmission du nom de son père. Cette dissymétrie tiendrait à la mise en forme du couplage « incertitude paternelle/certitude maternelle ». C'est la parole du père, parce qu'elle transcende l'incertitude, qui dit l'humain. Cette proposition doit être réexaminée puisque que de la parole sourd aussi du côté de la mère : « un enfant, si je veux, quand je veux ».

Cette parole fraîchement audible pourrait être entendue comme un redoublement de la certitude maternelle. S'y résoudre reviendrait à imputer à une femme la responsabilité insupportable entre toutes d'être la créatrice d'un enfant (et sa meurtrière lorsqu'elle exerce sa liberté d'avorter). Ce risque n'est pas absent de la formulation du « droits des femmes » comme droits subjectifs. Or, une femme qui enfante n'est pas Dieu. Son aspiration est d'être reconnue comme une humaine. Ni moins – ce n'est pas nécessairement gagné – mais ni plus – si elle veut précisément rester dans l'ordre de l'humain.

La mère volontaire, la femme qui met en application « un enfant, si je veux, quand je veux », dispose de ressources pour échapper à l'au-delà de l'humain, à la tentation du divin. La « certitude maternelle », pas plus pour la mère que pour l'enfant, ne se fonde sur ce que l'accouchement serait la séparation de deux corps. Le foetus, toujours déjà, dès sa conception (à entendre au moins en deux sens), est un autre. Une femme gravide ne fait jamais un avec lui. Même si elle le souhaitait, le placenta serait là pour lui rappeler que c'est un fantasme (Rouch, 1987).

De plus, sa volonté est entachée par la liberté non exprimable de l'enfant à naître. Ce qui peut fonder la justesse de la liberté de l'avortement (et l'on peut suivre Dworkin : le foetus est un être humain, pas une personne constitutionnelle) *et* interdire la dyade mère-enfant. La présence du tiers ne réside plus nécessairement dans la fonction instrumentale du père, dans sa capacité à lui de permettre à l'enfant d'accéder au social, comme persistent à le prétendre les psychopédiatres à la télévision. Mais cette présence du tiers est plus que jamais requise pour qu'une femme échappe à la responsabilité écrasante d'être perçue, par quelqu'un qui ne lui a rien demandé, comme son créateur, pour qu'une femme ne soit pas engloutie dans la maternité.

Des montages institutionnels sont à trouver. Dans l'intérêt des femmes, ils ne peuvent consister en une féminisation du registre antérieur. Ils pourraient enregistrer que « le père est celui que la mère désigne à la naissance de l'enfant (naissance entendue comme son apparition publique) ». Ce partage de la parole, cette parole doublée – enfant que je veux, père que je désigne – est d'autant plus matérialisable, moins hypocritement formel, que ce n'est plus le code civil qui réprime l'adultère, l'infidélité de l'épouse. Il serait aussi susceptible, si l'on y tient, de transcender l'injonction à l'hétérosexualité. Mais, il faudrait résister à la tentation de permettre au nègre de signer son chef-d'oeuvre. Le nègre ne serait plus nègre... mais y aurait-il encore chef-d'oeuvre ?

Domestique et conjugal

Ces considérations nous ont largement éloignés du domestique entendu comme la sphère des besoins. Encore que le besoin d'être reconnu comme « enfant » et aussi comme « mère » et comme « père » n'est pas négligeable. On concédera pourtant qu'il est d'un autre ordre que les besoins qui renvoient à l'entretien et à la reproduction de la vie, qui plus est, quand ceux-ci sont identifiés au soin de la maisonnée. Mais, à propos de ces derniers – les besoins qui renvoient à l'entretien et à la reproduction de la vie –, il n'est pas peu étonnant de constater une tendance à les présenter comme du ressort du conjugal plutôt que du familial.

Je pense notamment à l'un des derniers articles que j'ai lu de Kaufmann. Il prétend (1995 : 203) que « le "noyau dur" de l'égalité dans le monde privé » serait « le partage des tâches ménagères ». Cette proposition s'appuie sur l'affirmation selon laquelle « le coeur du privé », c'est « le fonctionnement conjugal » (*ibid.* : 204). N'est-ce pas la même proposition qui légitime la possibilité de proposer une *Sociologie du couple* (1993) ? Loin de moi l'idée de contester l'intérêt de ce livre qui, regorgeant de fines notations, attire l'attention, à la suite de Roussel (1989) notamment, sur ce que désormais « le coeur » du *familial* battrait au rythme des émois des conjoints qui s'y essaient. Cette manière de dire comporte incontestablement l'intérêt de transcender des distinctions que les sociologues ont bien du mal à étayer entre couples sans enfant, familles recomposées et familles composées pour une première fois, sans rien dire de la distinction fuyante, et de plus en plus passée sous silence dans les enquêtes, entre conjoints par mariage et partenaires en « union libre ».

Une « sociologie du couple » s'impose, sans doute, du fait que l'axe de l'alliance (quelles que soient ses modalités) tend à s'imposer au détriment de celui de la filiation. Et d'autant plus, si l'on retient que, comme les travaux de Théry le mettent éloquemment en évidence, la référence spontanée aux « intérêts de l'enfant », en particulier au moment du divorce ou de la séparation de ses parents, sous le couvert de relancer « les idéaux d'électivité des liens et la reconnaissance d'affiliations multiples » (Ouellette, 1996 : 138), tend à naturaliser l'articulation alliance-filiation, à promouvoir le maintien du couple parental malgré l'échec du couple conjugal. Désormais, constate Théry (1993 : 330-331) :

> La référence à la nature, malgré tous les travaux des ethnologues et des anthropologues, revient en force : contrairement à tout ce qu'ils ont démontré depuis un siècle, la parenté et la famille ne seraient pas des constructions culturelles, mais un donné naturel, biologique : la reproduction fait la famille, une famille aussi indissoluble que le lien biologique. Dans une

société où le taux de divortialité atteint 30 %, quel soulagement !

Toutefois, sans particulièrement s'arrêter à ces transformations structurelles, mais mettant effectivement en application la perspective selon laquelle « le coeur du privé », c'est le « fonctionnement conjugal » et choisissant, avant tout, comme indicateur de ce fonctionnement le « partage des tâches ménagères », Kaufmann en vient dans *Sociologie du couple* à passer sous silence que le terrain qui constitue la trame (Kaufmann, 1992) de la rédaction du « que sais-je ? » (1993) lui avait fourni l'occasion de rencontrer 14 couples avec enfants sur 20. Or, ni dans *La trame conjugale*, ni dans *Sociologie du couple*, cette variable – la présence d'un ou de plusieurs enfants eu égard à la répartition des tâches domestiques – n'est tenue pour déterminante. Je ne dispose d'aucun élément d'enquête personnel pour soutenir qu'il y a là un défaut dans l'interprétation, mais j'ai été impressionnée par divers travaux (cités, par exemple, dans Le Bourdais, Hamel, Bernard, 1987) qui mettent en évidence que la contribution du conjoint aux tâches domestiques tend à diminuer à mesure que naissent les enfants. Autrement dit, le conjoint serait d'autant plus disposé à faire sa part que celle-ci n'implique pas un surcroît lié à la présence d'un tiers. Kaufmann est peu attentif à cet aspect en ne distinguant pas les couples avec enfants et les couples sans enfant. Tout se passe comme si la variable « présence d'un ou de plusieurs enfants » n'était pas significative. Aussi peut-on se demander : Comment comprendre que des femmes, scolarisées et économiquement autonomes, réendossent la « mémoire féminine du familial » au point d'assumer la majeure partie des tâches domestiques, au bénéfice de leur seul conjoint ?

On se souvient que Christine Delphy, dans ses premiers travaux qui visaient à rendre visible le travail domestique, à l'inscrire dans un rapport social (le mariage) qui expliquait sa « gratuité », insistait elle aussi sur la figure de l'épouse-ménagère. Cette perspective avait l'avantage de mettre en évidence que ce n'était pas parce qu'elle était une « mère surchargée d'enfants » qu'une femme mariée était assignée à effectuer ce travail. Ce constat avait sa raison d'être à une époque où le travail domestique était « invisible » ; il s'autorisait également d'un contexte sociologique dans lequel la majorité des épouses étaient ou paraissaient encore être des ménagères à plein temps.

Vingt-cinq ans plus tard, le contexte a changé. Les analyses sociologiques ont mis en évidence l'enchevêtrement du travail domestique et du travail salarié auquel se consacrent une majorité importante de conjointes-mères. De plus, sans parler des recours aux services extérieurs, il faudrait aussi enregistrer l'accès très répandu à des appareils électroménagers (lave-linge et sécheuse, four à micro-ondes) qui favorisent l'individualisation du travail domestique. L'analyse de Kaufmann en porte peu la trace. Je ne contesterai certainement pas la thèse selon laquelle la prise en charge mentale du suivi et de l'organisation des activités revient essentiellement aux femmes. Mais je suis tentée de contester – tenant compte des remarques de mes étudiantes[25] en couple sans enfant (à deux exceptions près) – que le partage des tâches ménagères, là où il n'est pas encore familial (présence d'un ou plusieurs enfants), soit aussi pérenne que le prétend Kaufmann. En en faisant le « noyau dur » de l'égalité dans le *monde privé*, ne risque-t-on pas de tomber dans un réductionnisme sociologiste ?

Le monde privé ne se réduit pas au domestique, encore moins quand le domestique se ramène à un ensemble de tâches. J'ai tenté plus haut de faire valoir la prise en compte du familial dans l'institution de rapports qui ne peuvent être confondus avec des tâches. Mais, à supposer même que l'on tienne à tout prix à renvoyer « père » et « mère » à ceux qui effectuent des « tâches parentales », des sociologues (notamment Castelain-Meunier, 1990) ont mis en évidence les rapports duels qui tendaient à s'établir entre mère et enfant et entre père et enfant dans leur accomplissement. C'est là le signe qu'elles ne peuvent seulement être enregistrées sous le mode de la technicalité. Elles s'inscrivent dans des rapports sociaux. Avec toute la touffeur que cette référence implique. Ne serait-on pas en droit de redouter que la prise en compte de la « subjectivité des acteurs » et de la « construction du soi dans le cadre des interactions au sein de la famille » (Ouellette, 1996), qui tend à constituer la marque de commerce de la sociologie de la famille des années 90, se construise sur le déni de ce qu'impliquait la réflexion en termes de « rapports sociaux de sexe » ? Il n'y a certes pas lieu de la sacraliser. Il est pourtant difficile d'en faire sérieusement l'impasse. Serait-ce sur le mode du démodé qu'il faudrait aujourd'hui entendre cette remarque que Anne-Marie Daune-Richard (1984) ramenait d'une enquête menée auprès de femmes dans la région d'Aix-Marseille au début des années 80 ? Elle s'énonçait ainsi (1984 : 136) :

> L'activité « soins aux enfants » [...] n'est jamais associée à une idée de « travail » ou de « tâche » et [...] elle est considérée comme une activité « naturellement » gratifiante sans qu'il paraisse nécessaire de l'expliciter.

Ces éléments un peu épars sont ici réunis pour souligner que si l'on veut insister sur les tâches et leur partage – ce qui me paraît un point important mais insuffisant pour approcher de l'institution familiale –, il faudrait éviter de rabattre les tâches parentales sur les tâches ménagères.

Mais, on peut énoncer l'hypothèse que là (la distinction entre les tâches parentales et les tâches ménagères ; ce qui renvoie – sans y être associé terme à terme – à la distinction entre le familial et le domestique) n'est pas véritablement l'enjeu. En effet, ce n'est ni du domestique, ni du familial (ou du conjugal) qu'il est question, mais prétend-on du « monde privé ». Ne pourrait-on dès lors se demander si faire du partage des tâches ménagères le « noyau dur » de l'égalité dans le monde privé ne conduirait pas – l'« autonomie du privé » constituant un droit imprescriptible – à élaborer une construction qui maintient les femmes dans le rôle de garantes de cette précieuse autonomie ? Même si elle joue à leur détriment ? Cette contradiction étant imputée à leur « mémoire féminine du familial ». L'incorporation de l'*habitus* n'a-t-elle pas bon dos ? On ne manquera pas en tout cas de remarquer que cette perspective rejoint celle qu'énonce Rosanvallon (1992 : 145 ; je souligne) à propos de la période révolutionnaire française :

> L'exclusion politique de la femme participe en effet de la distinction plus tranchée entre le privé et le public qui s'opère à cette époque. La protection rigoureuse de la sphère privée, qui est *au coeur des droits de l'homme*, a conduit presque mécaniquement à confirmer, et parfois même à accentuer, la relégation de la femme dans la *domus*. La mise à l'écart des femmes a paradoxalement *une certaine dimension libérale* : elle inscrit dans le partage des sexes le *principe de limitation de la sphère politique*. Inscription ressentie comme d'autant plus utile que tout concourt par ailleurs, pendant la Révolution, pour étendre en permanence le champ du politique. Le cantonnement de la femme dans l'espace domestique est perçu comme une des conditions de la claire séparation du privé et du public. C'est aussi pour cette raison que la femme est privée des droits politiques pendant la Révolution : la vision sociologique traditionnelle de la famille et l'idéologie libérale de la limitation du politique se rejoignent là pour fournir un motif supplémentaire de l'exclusion des femmes de la cité.

S'il est sans doute défendable que l'idéologie libérale de la limitation du politique contribue à l'exclusion des femmes de la cité, il est pour le moins étonnant de lire que la période de la Révolution aurait été marquée par une « vision sociologique traditionnelle de la famille », alors que, on le sait, c'est alors, par exemple, qu'a été instaurée l'autorité parentale au détriment de la puissance paternelle et qu'a été reconnue l'égalité de l'épouse et de l'époux face au divorce. Il faut toutefois faire comme si les femmes n'avaient pas eu de droits civils, notamment dans le domaine de la famille, pendant la période révolutionnaire, pour justifier « une certaine dimension libérale » à leur mise à l'écart du politique, pour faire de cette exclusion des femmes la garantie de la protection rigoureuse de la sphère privée, qui est au coeur des droits de l'homme.

Faire aujourd'hui des femmes-ménagères les garantes de l'autonomie du monde privé – n'est-ce pas ainsi que l'on peut interpréter la mise en garde de Kaufmann (1995 : 205) :

> La question de l'identité féminine, qui repose pour beaucoup sur les options privées, doit à l'évidence être posée comme un thème majeur au niveau public ; mais sans déboucher sur des contraintes de comportements privés, dans le respect des choix personnels. Discuter des modèles de société est une chose ; imposer des modèles individuels de conduite en est une autre

ne fait-il pas écran à la prise en compte des bouleversements que provoque l'apparition publique de la mère-volontaire ? N'est-ce pas là finalement l'intérêt poursuivi dans l'insistance sur l'inégalité qui persiste à frapper les femmes au coeur même du « privé » ? Or, avec la reconnaissance de leur droit à contrôler elles-mêmes leur fécondité, la « condition des femmes » a radicalement changé. Une des conditions pour en prendre acte réside dans la distinction entre « privé » et « domestique ». Le détour par le « conjugal » masque complaisamment ce changement radical.

Notes

1. Texte remanié d'une communication présentée au Colloque de l'Association internationale des sociologues de langue française, Evora, 7-12 juillet 1996.
2. Voir, par exemple, Mano, Claude, Christine (1975).
3. Je pensais alors à l'article de Bourdieu (1990). La quête des bénéfices imaginaires n'est pas absente de son livre qui porte ce titre (1998). Elle ne suffit pourtant pas à le disqualifier. Il constitue une analyse de la domination masculine produite par un sociologue de sexe masculin qui la construit en objet sociologique. Ce qui, me semble-t-il, n'effleure pas ses collègues dont

il est question dans ce chapitre, auxquels est venu s'ajouter Lipovesky (1997).
4. Je ne nie certes pas que les nouvelles technologies de reproduction posent des problèmes moraux. Nombre d'entre elles sont toutefois beaucoup moins « nouvelles » que l'on serait tenté de croire, si précisément on adopte un point de vue anthropologique et non seulement technologiste. Voir Héritier (1985 et 1996, en particulier le chapitre XI).
5. C'est le cas de la décision du Tribunal de la jeunesse de Québec (1988) qui autorise une mère transexuelle transformée en homme à devenir par adoption père de son propre enfant. Cas rapporté et commenté par Legendre (1992 : 409-410).
6. Cette recherche a fait l'objet d'un projet subventionné par le CRSH (1994-1997) : « "Femme", " mère" et modernité démocratique ». Elle a déjà donné lieu à plusieurs publications. Cette recherche en sociologie politique s'accompagne d'un questionnement sur la famille (Tahon, 1995) et, bien qu'inscrite dans le cadre « occidental », elle n'est pas non plus déliée de mon souci des Algériennes (Tahon, 1998a et 1999a).
7. Pour la distinction entre le slogan français et le slogan québécois, voir l'Introduction.
8. Inutile de préciser que ce sont les travaux de Nicole Loraux qui m'ont mise sur cette voie. Bien au-delà d'Athènes.
9. Voir les travaux de Yan Thomas.
10. Et l'on sait l'importance, à Rome, de l'adoption, prérogative masculine. Inversément, une veuve ne peut pas être tutrice de ses enfants.
11. Voir Sledziewski (1991), Théry (1993).
12. Selon la formule de Mona Ozouf (1989). Voir aussi André (1993) et Harten et Harten (1989).
13. Je me permets de rappeler que ce texte a été écrit en 1996. Depuis lors, j'ai consacré une partie de mes recherches à cette question (voir Tahon, 1998b et 1999b). J'ai notamment abandonné dans le texte de 1999 le terme « démocratie paritaire » au profit de « parité politique ». Tenir compte de ces changements impliquerait une réécriture partielle de ce texte-ci. Ce que le délai écoulé m'empêche de faire.
14. Inutile de préciser que Lefort ne l'énonce pas.
15. « Pourquoi des êtres exposés à des grossesses, et à des indispositions passagères, ne pourraient-ils exercer des droits dont on n'a jamais imaginé de priver les gens qui ont la goutte tous les hivers, et qui s'enrhument aisément ? »
16. La prolétaire romaine n'avait aucune utilité puisqu'elle était « commencement et fin de sa propre famille ».
17. Comme l'illustre aussi l'article de Tabet (1979), même si ce n'est pas là son objet principal.
18. J'utilise ce terme plutôt que l'expression « femme-chef de famille monoparentale » ou « femme-cheffe de famille monoparentale ». Je le préfère à « matricentrique » pour marquer le déplacement de la mère à la femme.

19. D'après Olivier Rolin (1994), la langue espagnole disposerait du "beau mot d'*ensimismada*, qui est une adjectivation d'« en soi-même »".
20. L'utilisation de l'adjectif « néoféministe » n'est en rien polémique. Elle marque qu'un mouvement féministe a précédé celui qui s'est développé à la fin des années 60. Même si je suis tentée de considérer que le mouvement qui se déploie à la fin des années 60 est le premier mouvement de libération de la femme, le premier par lequel « femme » émerge.
21. Il nous avait été demandé de couvrir le champ « sociologie de la famille ». Nous avions proposé, et ce fut accepté, « sociologie de la famille et des rapports sociaux de sexe ». Quand il nous a été demandé, au début de 1996, de mettre à jour ce chapitre en vue d'une réédition du livre, *Sociologie contemporaine*, nous avons décidé de l'intituler « Sociologie de la famille ». Ce retour à un titre plus classique signifie, bien sûr, une prise de position théorique.
22. Ses lecteurs et lectrices reconnaîtront son influence sur ce que je tente ici d'esquisser. Même si j'en fais peut-être une lecture non orthodoxe. C'est à l'ensemble de son oeuvre que je renvoie puisque je suis incapable d'en fournir une référence précise.
23. Dans « Citoyenneté et division des sexes » (1999 b), je mets en évidence que l'état civil inscrit immédiatement, par le prénom, l'appartenance au sexe masculin ou au sexe féminin. Ce qui me permet de soutenir le caractère institutionnel de la différence des sexes. Caractère institutionnel de la différence des sexes qui constitue, me semble-t-il, la seule justification universaliste de la parité politique. Seule mais suffisante puisque instituée et institutionnelle.
24. Que l'on pense à la valorisation, sinon à la mystification, des sages-femmes et des maisons de naissance au Québec en cette fin de siècle.
25. *Sociologie du couple* a été la lecture obligatoire du cours SOC 3706, « Structures sociales et rapports entre les sexes : études comparatives », que je donnais à l'hiver 1996 à l'Université d'Ottawa. Elle a donné lieu à des remarques acerbes de la part d'étudiantes (entre 20 et 28 ans) qui ne se retrouvaient absolument pas dans l'analyse proposée. Ni la transposition du lieu – la France et le Canada français, qui, sous ce rapport, est proche du Québec et est donc influencé par un féminisme égalitariste vigoureux – ni l'autojustification certes toujours à l'oeuvre (« moi, mon chum, c'est pas pareil ») ne sont des explications suffisantes pour rendre compte de l'inadéquation entre leur expérience et la lecture du livre à laquelle elles ont sérieusement procédé.

Bibliographie

André, Jacques (1993), *La Révolution fratricide*, Paris, PUF.
Arendt, Hannah (1987), *Condition de l'homme moderne*, traduction française par Georges Fradier, Paris, Calmann-Lévy.
Bourdieu, Pierre (1982), « Les rites d'institution », *in Ce que parler veut dire*, Paris, Fayard, p. 121-134.
Bourdieu, Pierre (1990), « La domination masculine », *Actes de la recherche en sciences sociales*, n° 64, p. 2-31.
Bourdieu, Pierre (1998), *La domination masculine*, Paris, Seuil.
Castelin-Meunier Christiane (1990), « Paternité et identité masculine aujourd'hui », *Dialogue*, 1er trimestre, p. 22-30.
Collectif (1984), *Le sexe du travail*, Grenoble, PUG.
Collin, Françoise (1986), « Du privé et du public », *Les Cahiers du GRIF*, n. 33, *Hannah Arendt*, p. 47-68.
Collin, Françoise (1989), « N'Être », *in* Miguel Abensour *et al.* (dir.), *Ontologie et Politique*, Paris, Tierce, p. 117-140.
Combes, Danièle et Anne-Marie Devreux (1994), « Les droits et les devoirs parentaux ou l'appropriation des enfants », *Recherches féministes*, Vol. 7, n. 1, p. 43-58.
Daune-Richard, Anne-Marie (1984), *Travail professionnel et travail domestique. Étude exploratoire sur le travail et ses représentations au sein des lignées féminines*. Aix-en-Provence, Petite collection CEFUP.
Delphy, Christine (Dupont) (1970), « L'ennemi principal », *Partisans*, n° 54-55, (republié dans *Libération des femmes, année zéro*, Paris, Maspero, 1972, p. 112-139).
Dworkin, Richard. (1989), « La contreverse sur l'avortement aux États-Unis », *Esprit*, octobre, p. 64-84, traduction française par J.-L. Morisot de la version originale parue dans la *New York Review of Books*, 29 juin 1989.
Godard, Francis (1994), *La Famille. Affaire de générations*, Paris, PUF.
Guillaumin, Colette (1978), « Pratique de pouvoir et idée de Nature. 1. L'appropriation des femmes », *Questions féministes*, n° 2, p. 5-30 (reproduit *in Sexe, race et pratique du pouvoir*, Paris, Côté-Femmes, 1992, p. 13-48).
Harten, Elke et Hans-Christian Harten (1989), *Femmes, culture et révolution*, Paris, Editions des femmes.
Héritier, Françoise (1985), « Don et utilisation de sperme et d'ovocytes. Mères de substitution. Un point de vue fondé sur l'anhropologie sociale », *in Génétique, procréation et droit*, Arles, Actes Sud, p. 237-253.
Héritier, Françoise (1996), *Masculin/Féminin. La pensée de la différence*, Paris, Éditions Odile Jacob.
Kaufmann, Jean-Claude (1992), *La trame conjugale. Analyse du couple par son linge*, Paris, Nathan.
Kaufmann, Jean-Claude (1993), *Sociologie du couple*, Paris, PUF, Que sais-je ?

Kaufmann, Jean-Claude (1995), « Le couple infernal », *in* EPHESIA, *La place des femmes. Les enjeux de l'égalité au regard des sciences sociales*, Paris, La Découverte, p. 203-206.

Le Bourdais, Céline, Pierre J. Hamel et Paul Bernard (1987), « Le travail et l'ouvrage. Charge et partage des tâches domestiques chez les couples québécois », *Sociologie et sociétés*, Vol. XIX, n° 1, p. 37-55.

Lefaucheur, Nadine (1992), « Maternité, Famille, État », *in* Georges Duby, Michelle Perrot (dir.), *Histoire des femmes en Occident*, t. 5, *Le XXe siècle*, Paris, Plon, p. 411-430.

Lefort, Claude (1983), « Droits de l'homme et politique », *in L'invention démocratique*, réed. Paris, Le livre de poche (1ère éd. 1981.)

Lefort, Claude (1986), « Les droits de l'homme et l'Etat-providence », *in Essais sur le politique, XIXe-XXe siècles*, Paris, Seuil.

Legendre, Pierre (1985), *L'inestimable objet de la transmission*, Paris, Fayard.

Legendre, Pierre (1988), *Le désir politique de Dieu*, Paris, Fayard.

Legendre, Pierre (1989), *Le crime du caporal Lortie*, Paris, Fayard.

Legendre, Pierre (1992), *Les enfants du texte*, Paris, Fayard.

Lipovesky, Gilles (1997), *La troisième femme. Permanence et révolution du féminin*, Paris, Gallimard.

Loraux, Nicole (1981), *Les enfants d'Athéna*, Paris, Maspero.

Loraux, Nicole (1989), *Les expériences de Tirésias*, Paris, Gallimard.

Loraux, Nicole (1990), *Les mères en deuil*, Paris, Seuil.

Loraux, Nicole (1992), « Pourquoi les mères grecques imitent, à ce qu'on dit, la terre », *Nouvelle revue de psychanalyse*, n° 45, *Les Mères*, p. 161-172.

Mano, Claude, Christine (1975), « La maternité, fonction sociale », *in Les femmes s'entêtent*, Paris, Gallimard, Idées, p. 176-180.

Ouellette, Françoise-Romaine (1996), compte rendu de *La famille désinstituée*, *Anthropologie et Sociétés*, Vol. 20, n° 3, p. 137-139.

Ozouf, Mona (1989), *L'homme régénéré*, Paris, Gallimard.

Raynaud, Philippe (1992), « De la tyrannie de la majorité à la tyrannie des minorités », *Le Débat*, n° 69, p. 50-59.

Rolin, Olivier (1994), *Port-Soudan*, Paris, Seuil (Points, 1996).

Rosanvallon, Pierre (1992), *Le sacre du citoyen*, Paris, Gallimard.

Rouch, Hélène (1987), « Le placenta comme tiers », *Langages*, n° 85, p. 71-79.

Roussel, Louis (1989), *La famille incertaine*, Paris, Éditions Odile Jacob.

Sledziewski, Elisabeth G. (1991), « Révolution française. Le tournant », *in* Georges Duby, Michelle Perrot (dir.), *Histoire des femmes en Occident*, t, 4, *Le XIXe siècle*, Paris, Plon, p. 43-56.

Tabet, Paola (1979), « Les mains, les outils, les armes », *L'Homme*, Vol. XIX, n° 3-4, p. 6-61.

Tahon, Marie-Blanche et Geneviève de Pesloüan (1987), « Sociologie de la famille et des rapports sociaux de sexe », *in* Jean-Pierre Durand, Robert Weil (dir.), *Sociologie contemporaine*, Paris, Vigot, p. 439-456 ; 2e édition revue et augmentée, sous le titre « Sociologie de la famille », *in* Jean-Pierre Durand, Robert Weil (dir.), *Sociologie contemporaine*, Paris, Vigot, 1997, p. 540-557.

Tahon, Marie-Blanche (1995), *La famille désinstituée*, Ottawa, Presses de l'Université d'Ottawa.

Tahon, Marie-Blanche (1996), « Penser "femme" en philosophie politique », *Carrefour*, Vol. 18, n°1, p. 53-69.

Tahon, Marie-Blanche (1998 a), *Algérie. La guerre contre les civils*, Québec, Éditions Nota bene.

Tahon, Marie-Blanche (1998 b), « La revendication de la démocratie paritaire », *Politique et Sociétés*, Vol. 17, n°1-2, p. 13-47.

Tahon, Marie-Blanche (1999 a), « Algérie : pas d'État indépendant sans citoyenneté des femmes », *in* Diane Lamoureux, Chantal Maillé, Micheline de Sève (dir.), *Malaises identitaires. Échanges féministes autour d'un Québec incertain*, Montréal, Éditions du Remue-ménage, p. 79-102.

Tahon, Marie-Blanche (1999 b), « Citoyenneté et parité politiques », *Sociologie et Sociétés*, Vol. XXXI, n° 2, p. 37-87.

Théry, Irène (1993), *Le démariage*, Paris, Éd. Odile Jacob.

Théry, Irène (1995), « Privé/public : la place du droit », *in* EPHESIA, *La place des femmes. Les enjeux de l'égalité au regard des sciences sociales*, Paris, La Découverte, p. 214-219.

Thomas, Yan (1986), « À Rome, pères citoyens et cités des pères (IIe siècle av. J.-C.-IIe siècle ap. J.-C.) », *in* André Burguière *et al.* (dir.), *Histoire de la famille*, t. I, Paris, A. Colin, p. 195-229.

Thomas, Yan (1991), « La division des sexes en droit romain », *in* Georges Duby, Michelle Perrot (dir.), *Histoire des femmes en Occident*, t. I, Paris, Plon, p. 103-156.